CONGRÈS NATIONAL

des Associations Amicales

D'ANCIENS ET D'ANCIENNES ÉLÈVES

DES

ÉCOLES PROFESSIONNELLES ET PRATIQUES

de Commerce et d'Industrie

Sous le patronage de Monsieur le Ministre du Commerce et
de l'Industrie et de la Ville de Paris.

Septembre 1910

COMPTE RENDU

DES SÉANCES

COULOMMIERS
IMPRIMERIE DESSAINT ET Cⁱᵉ
41, Rue de Melun
1911

1ᴱᴿ CONGRÈS NATIONAL

des Associations Amicales

D'ANCIENS ET D'ANCIENNES ÉLÈVES

DES

ÉCOLES PROFESSIONNELLES ET PRATIQUES

de Commerce et d'Industrie

Sous le patronage de Monsieur le Ministre du Commerce et de l'Industrie et de la Ville de Paris.

Septembre 1910

COMPTE RENDU

DES SÉANCES

COULOMMIERS

IMPRIMERIE DESSAINT ET Cⁱᵉ.

41, Rue de Melun

1911

PREMIER CONGRÈS NATIONAL

DES ASSOCIATIONS AMICALES

d'Anciens et d'Anciennes Élèves

DES

ÉCOLES PROFESSIONNELLES ET PRATIQUES

DE COMMERCE ET D'INDUSTRIE

COMPTE RENDU DES SÉANCES

Le 23 septembre 1910 s'ouvrait à Paris, au Conservatoire National des Arts et Métiers, le premier Congrès officiel des Associations amicales d'anciens et d'anciennes élèves des Écoles professionnelles et pratiques de commerce et d'industrie, sous la présidence de M. Caillard, Inspecteur général adjoint de l'Enseignement technique, représentant M. le Ministre du Commerce et de l'Industrie assisté de M. Bellan, Président du Conseil municipal de Paris. Ce Congrès dura trois jours; les 23, 24 et 25 septembre 1910. 19 Sociétés avaient répondu à l'appel du Bureau du Conseil Fédéral, chargé de l'organisation.

D'accord avec les Commissions des vœux et statuts, du placement, de la mutualité, du bulletin fédéral et de la crise de l'apprentissage, le Bureau arrêta l'horaire et les ordres du jour suivants pour les différentes questions à l'étude, ainsi que le programme des fêtes de réception des délégués de province.

HORAIRE DU CONGRÈS 1910

TENU AU

CONSERVATOIRE NATIONAL DES ARTS ET MÉTIERS. — PARIS

SOUS LE PATRONAGE DE

**M. le Ministre du Commerce et de l'Industrie
et de la Municipalité de Paris**

Vendredi 23 Septembre 1910.

8 h. du matin : Distribution des cartes et documents divers.
Vérification des pouvoirs.

8 h. 1/2 : Nomination du Bureau du Congrès et des Présidents de séances.
Ordre du jour définitif.
(Nous recommandons instamment aux Congressistes adhérents d'assister à cette séance d'organisation.)

10 h. 1/2 : Ouverture solennelle du Congrès par M. le Ministre du Commerce et de l'Industrie, assisté de M. le Président du Conseil municipal de Paris.

2 h. du soir : Compte rendu financier.
2 h. 1/2 : Statuts et règlement intérieur.
5 h. : Réception des Congressistes à l'Hôtel de Ville de Paris.

Samedi 24 Septembre 1910.

Matin 8 h. à 10 h. : Placement.
10 h. à 11 h. : Bulletin fédéral.
11 h. à 12 h. : Mutualité.
Soir 2 h. à 4 h. : Crise de l'apprentissage.
4 h. à 5 h. : Séance de clôture.
Élection du Président de la Fédération.
Siège du prochain Congrès.
7 h. 1/2 : Banquet officiel, sous la présidence de M. le Ministre du Commerce et de l'Industrie, assisté de M. le Président du Conseil municipal de Paris.

Dimanche 25 Septembre 1910.

Excursion à Versailles, visite du château et des Trianons, déjeuner.

Ce programme fut suivi avec une scrupuleuse exactitude, au milieu de la plus franche cordialité.

Par l'exposé qu'on va lire, on se rendra compte des progrès de notre Fédération nationale, dont le Congrès vient d'émettre des vœux que nous souhaitons être entendus par le Parlement et les pouvoirs publics.

Des fêtes charmantes ont clôturé ce Congrès et nous espérons que nos camarades de province en ont emporté le meilleur souvenir.

Nous tenons à adresser ici, au nom de la Fédération nationale des Sociétés d'anciennes et d'anciens élèves des Écoles professionnelles et des Écoles pratiques de commerce et d'industrie, nos remerciements profonds à M. le Ministre du Commerce et de l'Industrie d'avoir bien voulu se faire représenter au Congrès ainsi qu'à M. le Président du Conseil municipal de Paris.

Nous prions M. Bellan, de transmettre à la municipalité de Paris l'hommage de notre gratitude pour la magnifique réception des Congressistes à l'Hôtel de Ville. Les délégués présents en garderont le meilleur souvenir.

Puisse l'exemple de ces journées mémorables pour notre Fédération, déterminer les Associations non encore adhérentes, à adhérer à notre groupement fédéral dans l'intérêt supérieur du développement et de la défense de l'enseignement professionnel.

<table>
<tr><td align="center">Le Président,
FERDINAND RAFFIN.</td><td align="center">Le Secrétaire général,
MICHEL WOHLFROM.</td></tr>
</table>

REPRÉSENTATION DES ASSOCIATIONS AU CONGRÈS

SOCIÉTÉS	NOMBRE de sociétaires	NOMBRE de voix	DÉLÉGUÉS	DÉLÉGUÉS SUPPLÉANTS
			MM.	
Béziers.	59	1	Martin.	
Boulogne-s.-Mer.	200	4	Lebeau.	
Brest.	190	4	Mériadec, Cam.	
Boulle (Paris).	200	4	Pélissier, Eugène Schmitt, Alfred Letessier, L. Gigou	MM. Léon Caillet, Lancelin.
Charleville	250	5	Vincent.	
Diderot (Paris).	700	14	Nicaise, Chevalier, Clamouse, Despert, Domblides, Féburier, Guillaume Girard, Limouche, Leroux, Mélin, Morel, Pouillot, Voilin, député de la Seine.	Card Méguin, Baillet.
Dorian (Paris).	50	1	Wohlfrom.	M. Nys.
Estienne _id._	130	3	Blanchelière, L. Goulhot, A.-C. Goulhot.	M. Jean Poblin.
Ganneron _id._	50	1	Blanchelière.	
Germain-Pilon _id_ BernardPalissy _id_	75	2	Bulten, Dugas.	
Limoges.	337	7	Blanchard, David.	
Montbéliard.	242	5	Bittermann, Marconnet, Petermann, Trentel, Véron	
Nantes.	226	5	Bégaric.	
Reims.	350	7	Lebeau.	
Rennes.	230	5	Collin.	
Roanne.	130	3	Lavert.	
Roubaix.	595	12	Duburcq, Dansette, Gorion	
Saint-Etienne.	250	5	Pauze, Berthéas, Mary Talobre.	
Saumur.	140	3	Radigue.	

SÉANCE PRÉPARATOIRE

Vendredi 23 septembre 1910

Adhésions au Congrès. — Vérification des pouvoirs. — Élection du Bureau du Congrès et des Présidents des Séances. — Compte Rendu financier. — Nomination de la Commission de contrôle.

La séance est ouverte à 8 h. 45, sous la présidence de M. Raffin, Président de la Fédération nationale, assisté de M. Talobre, Vice-Président, M. Wohlfrom, Secrétaire général, M. Wante, Trésorier, MM. Martin, Lebeau et Richard, Secrétaires.

58 délégués sont présents.

Le Président souhaite la bienvenue aux Congressistes et les remercie de leur témoignage de solidarité. Il donne lecture des lettres d'excuses de Mlle Ecalard (Ganneron, Paris), M. Regnault, de Reims, M. David (Limoges); sont également excusés, M. Petit (Diderot) et M. Lambert, Trésorier-adjoint.

Le Président annonce au Congrès, la réduction de 66 p. 100 accordée par l'Ouest-Etat, pour l'excursion de Versailles et invite les délégués à s'inscrire au Banquet officiel, présidé par M. Caillard, Inspecteur général adjoint de l'Enseignement technique, représentant M. le Ministre du Commerce.

19 Sociétés adhérentes à la Fédération sont représentées; l'Association amicale des anciens élèves de l'Ecole nationale Livet de Nantes, adhère au Congrès et est représentée par M. Bégarie.

Le Bureau du Conseil Fédéral est maintenu pour le Congrès ; notre camarade Poblin (Estienne) remplace M. Daviot, Secrétaire excusé.

Il est ensuite procédé au règlement de l'ordre du jour.

Le Président propose l'horaire fixé par le Bureau du Conseil Fédéral et demande à l'assemblée de désigner des Présidents différents pour les séances du Congrès. Quelques camarades proposent de nommer les Présidents des Commissions; nos camarades Raffin, Blanchetière, Lebeau et Nicaise pensent qu'il vaut mieux laisser à ces Présidents l'entière liberté de la discussion des rapports et nommer d'autres camarades à ces fonctions.

Le Congrès désigna comme Présidents de séance :

M. Talobre, pour la discussion des Statuts, Vœux et Règlement intérieur.

M. Nicaise, pour la discussion du Placement.

M. Duburcq, pour la discussion du Bulletin Fédéral.

M. Petermann, pour la discussion de la Mutualité.

M. Vincent, pour la discussion de la Crise de l'apprentissage.

Notre camarade Wante, Trésorier, donne lecture du compte rendu financier.

SITUATION FINANCIÈRE
Exercice 1909-1910

RECETTES			DÉPENSES		
Mai 1910					
Avance de la Fédération Parisienne à la Commission d'Études du Congrès 1909	40	»			
			Juin 1909		
			Facture Feigel, impression des statuts	21	5
			Frais correspondance, Secrétaire général	2	4
			Juillet 1909		
			Frais correspondance, Secrétaire général	7	6
			Août 1909		
			Facture Feigel, impression circulaires et règlement intérieur	21	5
Septembre 1909			*Septembre 1909*		
Droit de participation. Congrès. Société Estienne	20	»	Frais correspondance du Trésorier, timbres et reçus	3	4
» » Cette	20	»	Rétribution aux Gardes municipaux, Congrès 1909	12	5
» » Montbéliard	20	»	Rétribution aux sténographes, Congrès 1909	20	
» » Reims	20	»	Gratification au concierge du Conservatoire des Arts et Métiers	10	
« » Boulle	20	»	Remboursée somme perçue en trop, Société Limoges	5	5
» » Dorian	20	»	Frais de convocations (Secrétaire Lebeau)	9	
» » Béziers	20	»	Facture Goulhot, circulaires Congrès 1909	43	
» » Roubaix	20	»			
» » Diderot	20	»			
» » Saumur	20	»			
» » Boulogne-sur-Mer	20	»			
» » Ganneron	20	»			
À reporter	280	»	*À reporter*	156	5

RECETTES			DÉPENSES		
Report	280	»	*Report*	156	50
Droit de participation, Congrès, Charleville	20	»			
» « Saint-Étienne	20	»			
» » Germain Pilon et Bernard Palissy	20	»			
» « Rennes	20	»			
» » Limoges	25	50			
Vente d'une cravate (Banquet de la Tour Eiffel)	1	75			
			Janvier 1910		
			Frais correspondance, convocations, imprimés du 1er juillet 1909 au 9 janvier 1910	4	65
			Remboursement de l'avance faite à la Commission d'Études, 28 mai 1909	40	»
Février 1910			***Février 1910***		
Reçu cotisation 1910, Société Boulle, 180 membres	18	»	Frais correspondance, Président	3	85
» Montbéliard. 201 »	20	10			
» Charleville. 190 »	19	»			
Versement par la Fédération Parisienne de son reliquat de caisse.	187	05			
Mars 1910			***Mars 1910***		
Vente de comptes rendus du Congrès 1909	56	»	Frais correspondance, Président	2	55
Reçu cotisation 1910, Dorlan, 50 membres	5	»			
« Estienne. 130 »	13	»			
Avril 1910			***Avril 1910***		
Reçu cotisation 1910, Saumur, 135 membres	13	50	Frais correspondance et impression du Secrétaire général	9	75
« Diderot, 650 »	65	»	Frais correspondance, Président	2	80
			Facture Lockert (compte rendu Congrès 1909)	360	»
Mai 1910			***Mai 1910***		
Reçu cotisation 1910, Roubaix, 573 membres	57	30	Frais correspondance, Président	1	05
» Limoges, 325 »	32	50	Timbrage des statuts	4	80
» Ganneron, 50 »	5	»	Frais correspondance Secrétaire général	»	55

Recettes			Dépenses		
Reçu cotisation 1910, Saint-Étienne, 250 membres	25	»	Facture Graphica, circulaires et procès-verbaux	40	
» Reims, 335 »	33	50	Frais correspondance. Secrétaire (Martin)	4	
Juin 1910			*Juin 1910*		
Reçu cotisation 1910, Béziers, 50 membres	5	»	Frais de timbres, trésorier	3	
Juillet 1910			*Juillet 1910*		
Cotisation 1910, Germain Pilon, 120 membres	12	»	Frais correspondance, Président	4	
Vente d'un compte rendu Congrès 1909	2	»	Cotisation Ligue de l'Enseignement technique	5	
Cotisation 1910, Roanne, 200 membres	20	»	« Congrès du dessin	10	
			Fournitures de bureau. registre, griffes, papier	13	
			Frais correspondance, Secrétaire (Martin)	2	
			Fournitures de bureau, Président	»	
			Août 1910		
			Frais correspondance, convocations et factures Graphica, procès-verbaux et règlement intérieur (Secrétaire général)	40	
			Frais correspondance, circulaires Congrès et propagande	13	
Septembre 1910			*Septembre 1910*		
Participation au Congrès 1910, Nantes	20	»	Frais correspondance Secrétaire général, factures Graphica, procès-verbaux. convocations	12	
Rennes	20	»	Frais correspondance et propagande, Secrétaire (Martin)	2	
Vente de comptes rendus (38)	76	»	Frais correspondance Président	11	
Cotisation 1910, Boulogne, 200 membres	20	»	Frais convocations Secrétaire (Lebeau)	9	
	1.112	20		805	

BALANCE AU 23 SEPTEMBRE 1190

Recettes .... 1.112 fr. 20
Dépenses .... 805 fr. 05

Reste en caisse .... 307 fr. 15

Le Trésorier, Alfred WANTE. *Le Trésorier-adjoint*, LAMBERT. Vu : *La Commission d'apurement*, VINCENT, BLANCHARD, PETERMANN, FÉBURIER

Le camarade A. Goulhot fait observer qu'il eut été préférable au préalable de faire imprimer ce compte rendu, afin que les délégués puissent l'approuver en toute connaissance.

Le camarade Vincent répond qu'il suffit que la Commission de contrôle examine le compte rendu financier et présente un rapport au Congrès sur la gestion du trésorier. Le Congrès sera ensuite appelé à se prononcer.

M. Mériadec (Brest) fait remarquer que les délégués ont déjà transmis aux Présidents des Associations les procès-verbaux portant l'approbation des comptes par le Conseil Fédéral.

MM. Talobre et Wohlfrom pensent que pour ne pas grever le budget fédéral, il conviendrait d'établir un résumé qui serait communiqué aux Présidents des Associations, lesquels les feraient paraître dans les Bulletins de leurs Sociétés respectives.

M. Pauze (St-Etienne) dit qu'il est nécessaire que les Sociétés possèdent ce compte rendu. M. Martin (Béziers) demande que le rapport général soit également imprimé.

Notre camarade Vincent (Charleville) insiste pour la nomination de la Commission de contrôle; il en est ainsi décidé.

Nos camarades Vincent (Charleville), Feburier (Diderot), Blanchard (Limoges) Petermann ((Montbéliard) sont désignés.

Etant donnée l'heure avancée, la discussion est interrompue pour recevoir le représentant du Ministre du Commerce et M. le Président du Conseil municipal de Paris.

La séance est levée à 10 heures.

SÉANCE INAUGURALE D'OUVERTURE

Allocution du Président de la Fédération. — Rapport général de l'Exercice 1909-1910. — Discours de M. le Président du Conseil municipal de Paris. — Discours de M. le Représentant du Ministre du Commerce et de l'Industrie, président du Congrès.

La séance est ouverte à 10 heures et demie par M. Caillard, Inspecteur général adjoint de l'Enseignement technique, représentant M. le Ministre du Commerce assisté de M. Bellan, Président du Conseil municipal de Paris.

Le Président, M. Ferdinand Raffin, prononce l'allocution suivante :

« M. le Représentant du Ministre,

« M. le Président du Conseil Municipal,

« L'estime et la confiance de mes amis me valent aujourd'hui le grand honneur de vous saluer en leur nom au seuil de ce premier Congrès officiel.

« Je suis donc certain d'être leur fidèle interprète en vous exprimant toute notre gratitude.

« Nous connaissons tous le profond intérêt que M. Jean Dupuy porte à l'Enseignement professionnel et nous n'ignorons pas qu'il eut été heureux de pouvoir venir présider en personne cette séance. Nous prions donc son distingué représentant de lui reporter l'expression de notre respectueuse estime.

« Le Conseil municipal de Paris a rendu tant de services à la cause de notre Enseignement qu'il serait superflu de proclamer ici que les élus de la capitale sont acquis à nos œuvres.

« Il m'est particulièrement agréable de saluer cordialement M. Bellan, non pas seulement parce qu'il est Président de l'Assemblée communale, mais encore et surtout parce qu'il a toujours été un fervent artisan du développement de nos Écoles.

« Et comment les pouvoirs publics et les élus ne nous encourageraient-ils pas ?

« Notre Fédération est une œuvre démocratique et de solidarité républicaine. Le travail persévérant et l'esprit de fraternité qui animent chacun de nous la rend chaque jour plus forte et vous savez qu'en défendant l'Enseignement professionnel, en groupant nos efforts pour améliorer nos Écoles de même qu'en abordant résolument le troublant problème de la crise de l'apprentissage, nous travaillons à la prospérité du pays.

« Je n'entreprendrai pas de vous détailler ici le programme que nous nous sommes tracé ; je laisse ce soin délicat à notre dévoué Secrétaire général.

« Permettez-moi, néanmoins, Messieurs, d'adresser un cordial salut à nos amis de province qui sont venus représenter leurs groupements respectifs et dont j'ai plaisir à vanter la foi et le dévouement qu'ils apportent à poursuivre l'extension de notre groupement.

« Messieurs, le Conseil Fédéral eut été désireux d'entourer ce Congrès d'un faste plus grand, mais la modicité de nos ressources ne nous a pas permis de réaliser notre rêve.

« Laissez-moi pourtant espérer, Monsieur le représentant du Ministre et vous Monsieur le Président du Conseil municipal, que vous emporterez de cette séance où nos cœurs battant à l'unisson ont remplacé la Marseillaise des cérémonies officielles par un hymne de fraternité et de reconnaissance, un souvenir de familiale intimité » (*Applaudissements*).

Le Président donne la parole au Secrétaire général, M. Michel Wohlfrom, pour la lecture du rapport général sur l'exercice 1909-1910.

Rapport général de l'exercice 1909-1910

Mesdames,

Mesdemoiselles,

Messieurs,

Le Congrès constitutif de notre Fédération nationale, tenu l'an dernier, a scellé définitivement l'union entre 15 associations de Paris et des départements. Au cours de l'année 1910, deux groupements nouveaux et non des moindres sont venus augmenter l'appoint des forces fédérales : ce sont ceux de Brest et de Roanne.

Deux associations ; les Anciens Élèves de l'École nationale professionnelle Livet de Nantes et les Anciens Élèves de l'École pratique de Rennes ont en outre adhéré cette année, à ce Congrès ; 19 sociétés sont ainsi représentées, formant un effectif de cinq mille membres qui concourent au développement et à la défense de l'Enseignement professionnel.

Quelques Écoles pratiques de commerce et d'industrie n'ont pas encore d'associations ; pour permettre aux anciens élèves de ces Écoles de prendre part à l'œuvre fédérale, le Conseil a adopté la proposition de M. Lebeau, délégué de Boulogne-sur-Mer, soumise aujourd'hui aux délibérations du Congrès, instituant un groupement d'isolés, ayant au sein de la Fédération les mêmes devoirs et prérogatives des sociétés fédérées.

Sur la proposition de M. Goulhot, délégué d'Estienne et de M. Lancelin, de Boulle, la Commission des statuts a examiné un projet de groupements régionaux, centralisant par régions les desideratas des associations.

L'ancien groupement de Paris et de Saumur a versé son actif à la caisse fédérale, témoignant ainsi sa solidarité pour l'œuvre que nous poursuivons.

Le règlement intérieur, rapporté au Conseil fédéral par M. C. Caillet, a été voté et est soumis aujourd'hui aux délibérations du Congrès.

La Commission du placement a examiné un projet qui vous est également soumis aujourd'hui, respectant l'autonomie des sociétés, mais établissant une meilleure utilisation des offres d'emplois restant sans titulaires dans une société isolée, en en faisant bénéficier les sociétaires des associations affiliées.

La Commission de l'apprentissage a rassemblé les principaux rapports établis sur cette question, par les groupements intéressés et en a établi un résumé permettant de suivre avec méthode les solutions proposées.

La Commission, dans le rapport établi par notre camarade Martin, soumis au Congrès actuel, est nettement favorable à l'établissement de cours de jour, à l'usage des apprentis, pris sur le temps de l'atelier, à raison d'un minimum de 6 heures par semaine.

La Commission signale à l'attention des pouvoirs publics, l'inconvénient résultant de la loi de 1900, sur le travail des femmes et des apprentis dans le commerce et l'industrie, pour les élèves de nos Écoles âgés de moins de 18 ans, qui ne peuvent trouver place dans les mêmes locaux, c'est-à-dire dans de grands ateliers munis de l'outillage moderne, occupant des ouvriers effectuant plus de 10 heures de travail par jour.

La Commission propose au Congrès de 1910 d'émettre un vœu pour que cette question soit résolue de toute urgence par le Parlement, tout en conservant l'esprit humanitaire de la loi.

La Commission du Bulletin aurait voulu créer un organe fédéral, mais faute de fonds disponibles, elle propose au Congrès que les procès-verbaux soient envoyés aux Présidents des associations qui les feraient paraître résumés dans le *Bulletin* de leur société.

La Commission de la Mutualité a étudié la question de l'assurance au décès et propose à chaque groupement de l'adopter, en appelant l'attention des sociétaires sur ce point essentiel :

« Les camarades d'une même association ne sont pas tous obligés de verser la cotisation pour cette assurance.

« Dans chaque société, un groupe peut être formé et réunir ceux qui veulent bien faire un léger sacrifice pour assurer une certaine somme à leurs proches, lorsqu'ils viendront à décéder »,

Le Bureau, d'accord avec le Conseil fédéral, a organisé le Congrès de 1910, dont les assises ont été fixées à Paris, par le Congrès constitutif de l'an dernier; M. le Ministre du commerce et la Municipalité de Paris ont bien voulu nous accorder leur bienveillant patronage.

Voilà, Mesdames, Mesdemoiselles et Messieurs, le bilan de l'œuvre fédérale de l'exercice 1909-1910. Poursuivant sa marche en avant, notre Fédération par une propagande méthodique, s'adresse à toutes les bonnes volontés, en ayant pour but l'esprit de solidarité, le développement et la défense de l'Enseignement professionnel (*Applaudissements*).

Le Secrétaire général.
M. Wohlfrom.

M. Bellan, Président du Conseil municipal de Paris, prend ensuite la parole en ces termes :

Mon cher Président,
Mesdames, Messieurs,

Je n'ai que quelques mots à vous dire. J'aurai le très vif plaisir et le très grand honneur de vous recevoir cet après-midi à l'Hôtel de Ville et nous pourrons y échanger des paroles, non plus importantes ni qui viendront plus du cœur, mais qui pourront durer plus longtemps peut-être : je tenais simplement à venir personnellement vous renouveler l'invitation que je vous ai faite sur la demande de votre Bureau, de venir passer quelques instants avec nous, de choquer nos coupes de Champagne ensemble, et de visiter nos salons, dans lesquels vous serez les bienvenus.

Je souhaite à votre Congrès d'être fécond. Je sais que vous êtes des travailleurs, des gens sérieux; vous avez fait vos preuves; vous apportez dans tout ce que vous faites de la méthode, de la direction et certainement, vous réussirez.

Vous abordez des problèmes très troublants pour nous : la crise de l'apprentissage devient très inquiétante pour notre pays, si industriel et si commerçant. Il faut que ce problème soit résolu par des hommes comme vous. On s'en occupe de différents côtés: dans les administrations, dans les milieux politiques; laissez-moi vous dire — et je puis sans me vanter pouvoir le faire — que dans les administrations ou dans les milieux politiques, on est beaucoup plus mal placé que chez vous pour résoudre le problème.

Ainsi, j'ai eu l'occasion dernièrement d'aller visiter une école professionnelle, rue de la Jussienne, école qui appartient aux bijoutiers, aux joailliers, aux orfèvres. J'y suis allé pour faire plaisir à des amis qui sont à la tête de groupements intéressant ces professions, qui m'avaient dit : une visite du Président du Conseil municipal pourrait encourager nos élèves et nos maîtres... J'y suis allé et je n'ai pas regretté ma visite : j'ai trouvé là quelque chose de nouveau pour moi, ce qui a été une véritable révélation et ce que je crois être la vérité dans la question de l'apprentissage.

Quand on est établi — et je suis industriel, je puis en parler savamment — on ne l'est pas pour faire de la philanthropie, mais pour gagner de l'argent. Aujourd'hui, les affaires sont dures et le patron se défend, comme l'ouvrier et l'employé se défendent. Et alors, le malheureux apprenti est souvent négligé : on lui fait souvent faire des choses qui rapportent un peu à la maison, mais qui ne lui enseignent guère le métier qu'il désire apprendre; l'ouvrier lui-même, dans certaines circonstances, à ce point de vue n'est pas sérieux ou il est malveillant pour l'apprenti. Nous avons des industries où les ouvriers ont décidé de ne plus former d'apprentis. Quel moyen avons-nous pour parer à tout cela? Je me suis trouvé en face d'industriels qui m'ont dit : Nous allons former nous-mêmes nos apprentis et dans des conditions spéciales. Ainsi, par exemple, un joaillier a besoin d'un apprenti; il fait choix d'un jeune homme; ce jeune homme, il le fait venir et au lieu de lui dire : A partir de demain, tu entreras dans mes ateliers; il lui dit : Tu deviens mon apprenti, mais tu entreras à notre école professionnelle, et là les apprentis de toutes les maisons faisant partie du syndicat sont groupés et sont dirigés par des contremaîtres et des professeurs qui sont des hommes en activité, des techniciens pris dans les meilleures maisons et parmi les meilleurs des contremaîtres ou des ouvriers et si vous pouviez constater les résultats obtenus chez ces élèves au bout de quelques mois d'apprentissage, c'est surprenant.

Depuis vingt ans que je suis à l'Hôtel-de-Ville, je m'occupe des questions d'enseignement et plus particulièrement, comme le faisait remarquer tout à l'heure votre Président, des questions d'enseignement professionnel, et je suis en même temps de la partie, puisque je suis industriel. Eh bien, je constate le peu de résultats, relativement, que nous obtenons pour l'argent que nous dépensons et je suis frappé des résultats si probants, si immédiats, obtenus par ces industriels, et je me propose, lorsque le Conseil municipal abordera très prochainement la question de l'apprentissage et de l'enseignement technique, d'indiquer cette école comme modèle, comme un type de ce qui peut être fait, parce que ce que je vous dis là n'est pas tout : il y a l'apprenti qu'on envoie là, c'est entendu et quand il a fait son apprentissage, on le donne à la maison. Mais que fait le patron à ce moment-là. Il prend sur le temps de cet apprenti qui est devenu un ouvrier, un certain nombre d'heures par semaine; vous parliez de six ; c'est à peu près cela, heures prises sur le temps de l'atelier, et le nouvel ouvrier retourne à l'École professionnelle l'après-midi se perfectionner dans le dessin.

Eh bien, je vous assure que ce sont là des industriels qui ne péricliteront pas, et puisque vous avez été les uns et les autres formés dans des écoles professionnelles, puisque vous êtes entrés dans l'industrie, que maintenant il vous est possible de faire la part des choses, j'ai confiance dans vos travaux; les quelques indications qui m'ont été données par votre Président et votre Secrétaire me tranquillisent, et ce que je vous demande, puisque la ville de Paris s'est intéressée à ce Congrès, puisque ma présence ici vous prouve que vos travaux ne passeront pas inaperçus, c'est de me faire le très grand plaisir de m'envoyer les résultats de vos délibérations.

Je suis convaincu que là aussi j'aurai quelque chose à apprendre pour les futures discussions qui s'ouvriront bientôt au Conseil municipal. Il faut que des hommes de pratique, comme vous, mettent la main à la pâte au point de vue des lois touchant ces questions d'enseignement professionnel. C'en est fini dans notre pays de nous abandonner entre les mains de gens qui peuvent avoir toute la bonne volonté et tout le dévouement possible, mais qui n'ont pas la science infuse, qui sont des politiciens, qui font de la politique et n'entendent souvent pas grand'chose aux affaires. Il faut que ce soit vous, des gens du métier, des hommes pratiques, de méthode et de direction, qui preniez la défense de vos propres intérêts (*Approbation*).

Nous le voyons bien par les lois qui sont faites. Voyez la loi sur le repos hebdomadaire : aussitôt la loi faite, on y a apporté une quantité de dérogations au milieu desquelles les malheureux conseillers municipaux n'ont pas pu se retrouver. La plupart du temps, il arrive que selon la mentalité d'un conseiller municipal ou ses opinions politiques, la loi est appliquée rigoureusement pour telle industrie dans une commune et que toute latitude est laissée pour cette même industrie dans telle autre commune; un patron a toute latitude dans une ville pour s'entendre avec son personnel, lui donner les 52 jours de repos par an, mais servir sa clientèle; dans telle autre ville, au contraire, on le malmène, on lui fait fermer sa maison à l'heure où la clientèle peut venir chez lui.

Il faut que nous réagissions. Nous sommes de bons républicains, nous sommes attachés à ce régime qui doit faire la richesse, la prospérité et la gloire de ce pays, mais nous voulons que ce soit un régime qui nous laisse toute liberté pour travailler : la liberté du travail est ce qu'il y a de plus sacré.

Vous êtes des travailleurs, vous allez par vos travaux jeter les bases de lois futures, vous allez instituer des discussions dont les conclusions me serviront personnellement dans les prochains débats à l'Hôtel-de-Ville.

Il faut que nous soyons conscients de notre force. Si nous savons, nous pouvons, de même que si nous voulons. Par conséquent, sachons vouloir. Nous sommes des industriels : sachons dire à ceux qui nous représentent : Voilà ce que nous désirons. Souvent on leur jette la pierre; on a tort parce qu'on n'a pas pris la peine de les éclairer. Comment voulez-vous qu'un homme, qui de la lutte électorale sort conseiller municipal ou député de Paris, connaisse dès le lendemain tous nos besoins? C'est impossible; la politique est trop prenante pour qu'on ait le temps de faire après, les études qu'on n'a pas pu faire avant ou qu'on n'a pas faites, parce qu'on ne soupçonne pas qu'on avait besoin de les faire.

Agissez comme vous le faites, prononcez-vous dans un sens ou dans l'autre. Groupez-vous et quand vous aurez, praticiens, hommes d'action, de travail, pris des résolutions basées sur des arguments solides, indestructibles, portez-les au Conseil municipal, aux députés qui sont chargés de faire des lois en ces matières. Vous les trouverez remplis de bonne volonté et vous pourrez les armer pour la discussion, les instruire, les éduquer. Ils en ont besoin. Je ne sais pas s'il est des hommes politiques qui s'imaginent que parce qu'ils sont des élus, ils sont supérieurs aux autres hommes: ce n'est pas le cas de beaucoup, croyez-moi bien. Il en est qui sont entrés dans la lutte politique pour rendre service à leurs concitoyens, consacrer toute leur vie à la chose publique, qui se rendent compte de ce qu'ils savent et de ce qu'ils ignorent et qu'il est des problèmes à résoudre que nous sommes impuissants à résoudre et pour la solution desquels de précieux concours comme le vôtre sont indispensables.

Messieurs, c'est tout ce que je veux vous dire en ce moment. Je vous souhaite bonne chance, je vous souhaite de travailler avec profit pour vous, avec profit pour notre bonne ville de Paris qui fait tout ce qu'elle peut pour l'enseignement professionnel et avec profit pour notre pays et pour la République (*Vifs applaudissements*).

M. Caillard, Inspecteur général adjoint de l'Enseignement technique, représentant M. le Ministre du Commerce, prend à son tour la parole en ces termes :

Mesdames, Messieurs,

Je suis heureux d'avoir été désigné par M. le Ministre du Commerce et de l'Industrie pour présider à l'ouverture du Congrès de vos sociétés amicales et j'ai l'impression, quand je me rencontre ici parmi les anciens élèves des Écoles professionnelles, de revivre le temps où, comme professeur et ensuite comme directeur, je m'appliquais moi-même à préparer pour les carrières actives et pratiques, des générations de jeunes artisans. J'ai cette impression d'autant plus vive que je retrouve dans votre Fédération, l'esprit d'entreprise qui est la caractéristique des établissements d'enseignement technique qui vous ont formés.

Vous n'avez pas attendu d'avoir un long passé pour bénéficier des bienfaits de l'association, comprenant que les groupements qui ont un but commun, trouvent dans la coordination de leurs efforts, une puissance multipliée; vous avez essayé de grouper, dans une solide organisation générale, les associations d'anciens élèves des Écoles professionnelles de France.

Vous y avez en partie réussi. Les quelques unités qui ont attendu pour vous apporter leur adhésion, ne manqueront pas lorsqu'elles vous auront jugés, de vous rejoindre à leur tour et c'est ce jour-là que j'appelle avec confiance. J'ai l'espoir de vous retrouver prochainement, unis comme vous l'êtes aujourd'hui par les liens d'une solidarité amicale, et tenant vos assises dans un Congrès unanime.

Il y a un an exactement, s'ouvrait, dans cette même enceinte du Conservatoire des Arts-et-Métiers, votre première séance constitutive. J'ai lu, ces jours-ci, le compte rendu de vos débats et j'ai compris que vous pouvez très rapidement devenir une force et une autorité. Vous êtes une association jeune, dans laquelle les jeunes ont une large place et l'activité de votre jeune et distingué Président est comme la synthèse de vos énergies collectives.

Votre origine, votre expérience, puisées aux meilleures sources de la pratique quotidienne, vous permettent d'étudier avec compétence les problèmes d'éducation professionnelle qui se posent aujourd'hui devant l'opinion et qui, prochainement peut-être, se poseront devant le Parlement. Vos conseils ne manqueront point d'être écoutés lorsque viendra en discussion le projet que l'on a justement qualifié de *Charte de l'Enseignement technique.*

Tandis que d'autres, l'autorité centrale, par exemple, les inspecteurs de l'Enseignement technique, les industriels qui ont pu constater les résultats, démontreront ce que valent nos méthodes d'enseignement, vous apporterez, vous, à cette vaste enquête, un élément original d'information. Vous dire comment vous avez vu les écoles professionnelles avec vos yeux d'élèves, comment plus tard, après le recul qui permet de juger sainement des choses, votre affection et votre estime pour elles se sont accrues au fur et à mesure que se présentaient, dans la vie, des occasions nouvelles d'apprécier les services qu'elles vous ont rendus. Vous direz — et rien ne vaut les démonstrations de cette sorte — comment vous avez trouvé, dans l'enseignement que vous avez reçu, les directions théoriques et les éléments pratiques qui vous ont tant aidés à vous créer une place à l'usine, à l'atelier ou dans les affaires. Et, si cette constatation n'était déjà faite, j'ajouterais que votre témoignage contribuerait puissamment à montrer le rôle important que joue l'enseignement technique dans le développement de notre activité nationale.

Sous toutes ses formes, sous tous ses aspects : écoles spéciales, école des Arts et Métiers, écoles professionnelles, écoles pratiques de commerce et d'industrie, cours de perfectionnement, c'est vers lui que se tournent les regards lorsqu'on songe à solutionner la question dont parlait tout à l'heure M. le Président du Conseil municipal de Paris, question que vous avez mise à l'ordre du jour de votre Congrès, sous le nom de crise de l'apprentissage.

Après bien d'autres, vous direz là-dessus votre pensée et je puis vous assurer, au nom de M. le Ministre du Commerce et de l'Industrie, que votre discussion sera suivie avec beaucoup d'intérêt. L'administration, en effet, est particulièrement heureuse lorsqu'elle peut tirer profit des indications précieuses que lui fournissent toujours les hommes comme vous, dont la grande expérience pratique est éclairée par le juste sentiment de la situation économique de notre pays (*Applaudissements prolongés*).

La séance est levée à 11 h. 15.

TROISIÈME SÉANCE

Présidence de M. TALOBRE.

Approbation du compte rendu financier. — Règlement Intérieur.
— Projet de M. Lebeau, sur les membres isolés.

La séance est ouverte à 2 h. 1/2, sous la présidence de M. Talobre (Saint-Étienne).

La Commission de contrôle est invitée à faire connaître le résultat de ses conclusions; il est décidé d'attendre l'arrivée du Trésorier.

On passe alors à l'examen du projet de règlement intérieur.

M. Émile Caillet, rapporteur, prend la parole pour la lecture du projet :

Projet de règlement intérieur.

Art. 1. *Admissions. Sociétés.* — Toute société désirant faire partie de la Fédération doit adresser au Président de celle-ci une demande écrite signée de sa Présidente ou de son Président. Cette demande est communiquée au Conseil fédéral dans sa plus prochaine réunion; ce dernier, après examen, prononce, s'il y a lieu, l'admission provisoire, cette dernière ne devenant définitive qu'après décision du Congrès (Statuts, art. 19). — La société est alors avisée de la décision du Conseil fédéral et invitée à nommer ses Délégués (Statuts, art. 5). — Les Délégués de la nouvelle adhérente siègent valablement à la séance suivant l'admission provisoire.

Art. 2. *Membres honoraires et bienfaiteurs.* — Toute personne désirant faire partie de la Fédération à titre de membre honoraire doit remplir les conditions édictées aux Statuts (art. 4, § 2) et être présentée par deux membres fédérés. L'admission sera prononcée par le Conseil fédéral et soumise à la ratification du plus prochain Congrès. Les membres honoraires et bienfaiteurs doivent se conformer aux Statuts; leurs noms seront communiqués aux Sociétés affiliées. Ils pourront assister aux Congrès et y auront voix consultative.

Art. 3. *Membres d'honneur.* — Les membres d'honneur choisis parmi les personnes désignées à l'art. 4, § 4 des Statuts doivent être proposés au Conseil par au moins deux de ses membres. L'admission sera prononcée par le Conseil, après que le futur membre, ayant été sollicité, aura accepté ce titre. — Les membres d'honneur jouissent des mêmes avantages que les membres honoraires.

Art. 4. *Obligations. Devoir des Sociétés.* — Les Associations fédérées, en outre des obligations et considérations prévues à l'art. 25 des Statuts, devront : 1° acquitter régulièrement leurs cotisations dans les conditions prévues au présent règlement (art. 16 et 17) ; 2° faire part au Conseil fédéral, par l'organe de leurs Délégués, de toutes les communications ou propositions pouvant intéresser la Fédération; 3° nommer régulièrement leurs Délégués ou représentants dans les conditions prévues par les Statuts et règlement intérieur.

Ces quatre articles sont adoptés sans modification.

Sur l'article 5, le camarade Vincent demande qu'en fin de séance on procède à la désignation du tiers sortant du Conseil fédéral, les Délégués sortants en informeraient leurs Associations et les prieraient de désigner des Délégués pour une période de 3 ans.

Les camarades Émile Caillet et Richard estiment qu'il faudrait plutôt laisser cette formalité au Conseil fédéral.

Le camarade Bégarie pense qu'il est imprudent de mandater le Délégué pour trois ans et qu'il ne faut pas lier une Société, toujours libre de retirer le mandat de ses Délégués.

M. Bégarie voudrait que le règlement intérieur précise la question.

M. Vincent déclare que le Conseil fédéral doit envisager la Société et non la personnalité du délégué et s'en tient en conséquence au texte de la Commission, mais en demandant que ce soit le Congrès qui désigne le premier tiers sortant.

Le camarade Talobre est du même avis et pense que tout le monde est d'accord pour reconnaître qu'une Association a toujours le droit de retirer le mandat de ses Délégués.

L'article 5 ainsi conçu est adopté.

CHAPITRE II

Administration. — Organisation.

Art. 5. *Conseil Fédéral.* — Chargé d'administrer la Fédération, le Conseil fédéral est responsable de tous actes pécuniaires ou moraux faits au nom de la Fédération, et en doit justification au Congrès. Il prépare annuellement le budget fédéral. Le Congrès élu désignera, par voie de tirage au sort, le tiers sortant aux termes des première, deuxième et troisième années.

Sur l'article 6, le camarade Blanchard demande qu'on respecte la liberté des Associations en les informant simplement de la négligence de leurs Délégués.

Les camarades Vincent, Mériadec et Émile Caillet proposent une nouvelle rédaction donnant satisfaction :

Article 6. — En cas de démission volontaire ou de décès d'un membre du Conseil fédéral, l'Association représentée par ce membre devra pourvoir à son remplacement. Le nouveau délégué restera en fonctions jusqu'à la fin du mandat de son prédécesseur.

L'article 6 est adopté.

L'article 7 ainsi conçu est adopté :

ART. 7. *Bureau.* — Le Conseil fédéral nomme le Bureau parmi les Délégués titulaires, à la majorité absolue des suffrages exprimés; en cas de ballottage, la majorité relative est permise au 2e tour de scrutin.

Sur l'article 8, M. Blanchard fait observer les discussions qui se présentent dans différentes Sociétés, relativement à la voix prépondérante du Président; notre camarade demande que ce privilège ne soit accordé au Président qu'au 2e tour de scrutin.

L'article 8 est adopté avec cette modification.

ART. 8. — Le Président dirige les débats et a voix prépondérante dans les votes au 2e tour de scrutin. Il préside la séance d'ouverture des Congrès et en fait nommer le Bureau. Il peut déléguer ses pouvoirs à un Vice-Président.

Les articles 9, 10, 11 et 12 sont adoptés à l'unanimité, sans modification.

ART. 9. *Vice-Présidents.* — En cas de démission, congé ou décès du Président, le Conseil nomme parmi les Vice-Présidents un Président intérimaire. Ce dernier reste en fonctions jusqu'au plus prochain Congrès.

ART. 10. *Secrétaire général.* — Chargé de l'exécution matérielle des services administratifs de la Fédération, le Secrétaire général en est responsable devant le Conseil. Il est secondé par les Secrétaires et l'Archiviste-comptable. Ses fonctions sont déterminées à l'art. 12 des Statuts. En cas de congé, le Conseil désigne pour le remplacer un des Secrétaires.

Art. 11. *Trésorier*. — En outre des attributions citées à l'art. 13 des Statuts, le Trésorier est chargé du recouvrement des cotisations, dont il donne acquit à l'aide de reçus détachés d'un carnet à souches. Il solde les dépenses courantes après visa du Président. Il fournit à chaque réunion de Conseil la situation financière fédérale et élabore à la fin de chaque année, le projet de budget pour l'année suivante. Ses pouvoirs peuvent être délégués au Trésorier-adjoint dans les mêmes conditions que pour le Secrétaire général. Il ne peut conserver en caisse une somme supérieure à 500 francs.

Art. 12. *Archiviste-comptable*. — L'Archiviste-comptable dont le rôle est déterminé à l'art. 14 des Statuts, assiste aux réunions du Conseil, mais ne prend pas part aux votes.

Sur l'article 13, le camarade Lamouche fait observer qu'on a nommé 4 délégués au lieu de 3 pour la Commission de contrôle; le Président fait remarquer qu'on ne peut refuser le concours de bonnes volontés.

Le Trésorier, notre camarade Wante, étant arrivé, il est décidé de procéder à la discussion des conclusions de la Commission de contrôle relative au compte rendu financier.

La Commission de contrôle approuve les comptes du Trésorier et demande au Congrès de les ratifier.

Le compte rendu financier est adopté à l'unanimité.

M. Nicaise propose des félicitations au camarade Wante, Trésorier. M. Wante déclare qu'il faut reporter ces éloges sur le camarade Lambert, Trésorier-adjoint.

Des félicitations sont votées à l'unanimité à nos deux camarades.

La discussion est reprise sur l'article 13 du règlement intérieur.

Les camarades Nicaise et Vincent proposent que la Commission de contrôle soit nommée en fin de séance et soit permanente.

Les camarades Lebeau et Émile Caillet, rapporteur, font remarquer qu'un tiers du Conseil devant être renouvelé, cela peut gêner la nomination impartiale de la Commission de contrôle et qu'il vaut mieux laisser ce soin au Conseil fédéral.

Le camarade Blanchetière se range à l'avis de la commission.

L'article 13 est adopté sans modification ainsi que l'article 14.

Art. 13. *Commission de contrôle*. — Une Commission de contrôle est chargée de vérifier les livres du Trésorier. Elle se compose de trois membres du Conseil fédéral choisis en dehors du Bureau. Elle est nommée chaque année par le Conseil.

CHAPITRE III

Organisation financière.

Art. 14. *Ressources*. — En principe, le droit d'admission fixé à 20 francs par les Statuts, est payable au moment de l'adhésion. Toutefois, il pourra être soldé dans le délai d'un an à partir du jour de l'admission définitive. Les cotisations des Sociétés seront payables sans frais au siège social et aux échéances déterminées par les groupes, d'accord avec le Conseil fédéral.

Sur l'article 15, le camarade Blanchetière propose de supprimer le mot subventions. L'article 15 est adopté avec cette modification.

Art. 15. — Les droits d'admission et cotisations de toute nature ne feront l'objet que d'un seul compte et formeront le fonds de roulement nécessaire pour assurer le bon fonctionnement des services établis. Les dons ou legs, qui pourraient être alloués à la Fédération seront versés à un fonds dit fonds de réserve, destiné à couvrir les frais et dépenses extraordinaires ou imprévus.

Sur l'article 16 relatif au placement des fonds de la Fédération, les camarades Blanchetière, Féburier, Vincent et Wante présentent différentes observation relatives à ce placement et à la somme à laisser en caisse au Trésorier.

Le camarade Talobre, en ce qui concerne le versement de l'avoir à un fonds de réserve, craint des difficultés compliquant la gestion financière et propose de simplifier la rédaction de l'article.

Le camarade Duburcq appuie ces observations en déclarant que dans notre période d'organisation, il ne faut pas se gêner dans des mesures trop étroites et qu'il y a lieu pour les questions de détail de faire confiance au Bureau fédéral.

L'article 16 ainsi modifié est adopté.

Art. 16. — Les fonds de la Fédération seront placés, une part au compte-courant disponible et la part restante en titres de rente sur l'État ou autres, légalement autorisés. Ces placements seront communiqués aux Associations fédérées.

L'avoir social sera établi chaque année par le Trésorier et publié dans l'organe fédéral.

Sur l'art. 17, notre camarade Vincent demande que l'on réserve à l'Association de la ville, siège du Congrès, la nomination de la Commission d'organisation.

M. Poze partage cet avis pour l'organisation matérielle, mais laisserait au Conseil fédéral le règlement de l'ordre du jour.

Le camarade Vincent se déclare complètement d'accord. Le camarade Duburcq présente quelques observations relatives aux frais d'organisation des Congrès. Il déclare que les réceptions des personnages officiels occasionnent toujours certains frais qui, à son avis, devraient être supportés par la Fédération.

Le camarade Vincent pense qu'il faut laisser aux Associations le soin d'organiser ces réceptions, avec les frais qui en découlent; les municipalités se feront toujours un devoir de recevoir dignement un représentant du gouvernement.

Le camarade Talobre partage cet avis, ainsi que les camarades Blanchetière et Wohlfrom, et déclare qu'en dehors des frais de réception supportés par les municipalités, il ne reste plus que quelques frais de bureau pouvant facilement être supportés par l'Association organisatrice du Congrès.

Le camarade Nicaise se rallie aux observations du camarade Duburcq.

Après les observations présentées par les camarades Raffin et Blanchetière, le rapporteur, M. Emile Caillet propose la rédaction suivante de l'article 17.

ART. 17. — L'organisation du Congrès est confiée à l'Association fédérée de la région où il se tient, d'accord avec le Conseil fédéral. Ce dernier en fixe l'ordre des travaux.

M. Poze préfèrerait attendre la discussion relative au siège du Congrès pour fixer cet article.

Le renvoi au lendemain de la discussion de l'article 17 est prononcé.

Sur l'article 18, le camarade Mériadec demande la création d'une carte fédérale.

M. Talobre présente à l'assemblée la carte de l'Association de Saint-Etienne, qui peut donner satisfaction, dans l'ordonnance des textes.

Le camarade Lebeau demande, comme l'avait préconisé la Commission des Statuts, lors de ses discussions, que les cartes de sociétés portent la mention qu'elles sont affiliées à la Fédération.

Le camarade Nicaise dit qu'il faut que toute liberté soit laissée à ce sujet aux Associations.

L'article 18 est adopté sans modification.

CHAPITRE V

Art. 18. *Identification.* — L'identité des membres de la Fédération sera justifiée par le reçu de la cotisation versée par chaque membre à sa Société respective.

Les articles 19, 20, 21, 22, et 24 sont adoptés sans modification.

Art. 19. *Représentation.* — Les Associations provinciales n'ayant pas de Délégués propres à Paris, devront choisir leurs représentants en dehors des Délégués titulaires ou suppléants des autres Associations.

CHAPITRE VI

Démissions. — Radiations.

Art. 20. *Membres du Conseil.* — Tout membre du Conseil fédéral voulant démissionner devra faire parvenir sa démission au Président ou à la Présidente de la Société qu'il représente, en même temps qu'au Président de la Fédération. La Société représentée par le membre précité pourvoit alors à son remplacement.

Art. 21. *Sociétés.* — La démission d'une Société n'est définitive qu'après acceptation par le Congrès, et si la Société intéressée remplit les conditions prévues à l'article 23 des Statuts. Les démissions sont communiquées aux groupes fédérés et paraissent dans l'organe fédéral.

Art. 22. *Radiation.* — La radiation d'une Société sera proposée au Congrès par le Conseil fédéral. Une interruption dans le versement des cotisations ne peut être considérée comme motif de radiation si, après enquête, il est prouvé que la Société en cause se trouve dans l'impossibilité matérielle de remplir ses engagements (délais prévus à l'art. 13 du présent règlement). Les sommes versées restent acquises à la Fédération.

Art. 23. *Dissolution.* — Pour être discutée, la dissolution devra être présentée par la majorité des groupements fédérés. La demande de dissolution devra être adressée au Président, qui la présentera au Conseil fédéral. Ce dernier l'examinera et la discutera avant de la présenter au Congrès.

CHAPITRE VII

Bulletin. — Placement. — Groupes Régionaux.

Art. 24. — (*Ces différents services ne pourront être réglementés qu'après la décision du Congrès et suivant les instructions données par lui. Le placement et le Bulletin font l'objet d'études spéciales dans des Commissions différentes. Quant aux groupes régionaux, aucune proposition n'a encore été soumise au Conseil fédéral).*

L'ensemble du règlement intérieur est adopté à l'unanimité.

Discussion de la proposition de M. Lebeau, relative à l'admission des membres isolés et modifiant les Statuts.

La parole est à M. Lebeau pour développer sa proposition relative à l'admission des membres isolés au sein de la Fédération.

Notre camarade dit que sa proposition a pour but d'admettre à la Fédération les anciens élèves des Ecoles professionnelles et des Ecoles pratiques de commerce et d'industrie, dont les Ecoles n'ont pas encore d'Associations, ainsi que les anciens élèves membres d'une association amicale qui ne voudrait pas adhérer à la Fédération. Ces membres isolés formeraient un groupement dit « des isolés », ayant dans les débats le même chiffre de voix proportionnel à son nombre comme chaque Association adhérente.

Le camarade Lebeau dit que l'adoption de sa proposition serait un excellent moyen de propagande pour amener les sociétés non adhérentes à adhérer à la Fédération nationale.

Le camarade Despert (Diderot) signale le cas de deux associations dans la même Ecole.

Le camarade Wohlfrom pense que la Fédération ne doit envisager dans chaque Ecole, que la Société amicale des anciens élèves et cite le cas de certaines Ecoles où l'on opposait à ces amicales des groupements sportifs qui auraient pu très bien se créer dans l'amicale. Il ne faut pas encourager ces dualités néfastes aux relations de bonne camaraderie qui doivent exister entre tous les élèves d'une même Ecole.

Le camarade Blanchetière demande que l'on précise bien dans le texte qui va être adopté et relatif à la proposition de l'admission des membres isolés, quels sont les anciens élèves qui pourront adhérer à la Fédération.

M. Blanchard demande que le membre isolé adhérent cesse de faire partie de la Fédération à ce titre, lorsque son Ecole aura une Association amicale adhérente à la Fédération.

M. Bégarie craint l'admission de membres isolés au sein de notre groupement fédéral, qui constituerait un groupement hétéroclite pouvant créer des difficultés.

M. Nicaise dit qu'il ne faut pas s'effrayer de ces recrues qui seront en petit nombre et qui rentreront dans leurs associations, dès leur constitution et leur adhésion à la Fédération.

Le camarade Talobre dit qu'il faut bien préciser le caractère de l'admission du membre isolé et qu'il est bien entendu que tout sera fait auprès de l'Association non adhérente pour l'amener à adhérer à notre groupement avant d'admettre le membre démissionnaire ou non de cette Association.

Il partage également l'avis que, dès l'adhésion de l'Association de l'École dont fait partie le membre isolé, ce dernier doit cesser de faire partie à ce titre de la Fédération.

La discussion est renvoyée au lendemain et la séance est levée à 4 h. 20 pour permettre aux Délégués de se rendre à la réception organisée par la Municipalité de Paris, à l'Hôtel-de-Ville en l'honneur du Congrès.

(On trouvera plus loin le compte rendu de cette réception).

QUATRIÈME SÉANCE

(24 septembre 1910)

Présidence de M. TALOBRE.

Suite de la discussion du projet sur les membres isolés. — Modifications statutaires. — Proposition de MM. Coulhot et Lancelin, relative à l'augmentation des délégués et la constitution de groupements régionaux. — Proposition de l'association des anciens élèves de l'École Estienne, relative à la tenue des Congrès.

La séance est ouverte à 8 h. 30, sous la présidence de M. Talobre.

La discussion est reprise sur le projet Lebeau, relatif aux membres isolés.

Le principe du projet est mis aux voix et adopté.

On passe à la discussion des articles :

ART. 1er — Il est formé entre les Sociétés désignées ci-après, qui adhèrent aux présents Statuts, une Fédération dite : « Fédération nationale des Sociétés d'anciennes et d'anciens élèves des Écoles professionnelles et pratiques de commerce et d'industrie ».

Peuvent adhérer à la Fédération :

1o Les Sociétés d'anciennes et d'anciens élèves des Écoles pratiques de commerce et d'industrie.

2o Les Sociétés d'anciennes et d'anciens élèves des Écoles professionnelles nationales, départementales et municipales.

3o Les Sociétés d'anciennes élèves des Écoles ménagères.

Chaque Société adhérente conserve son entière autonomie.

4o Toute ou tout ancienne ou ancien élève des Écoles précitées, dont les Associations amicales ne sont pas fondées ou dont les Associations n'adhèrent pas à la Fédération. Ces membres adhérents formeront un groupement dit « des Isolés ».

Le camarade Vincent signale le cas d'un membre radié ou démissionnaire d'une Société non adhérente à la Fédération ; le camarade

Caillet, rapporteur, répond que ce cas est prévu à l'article 22, ainsi conçu :

Art. 22. — Les admissions se font :
1° Inchangé;
2° Pour les membres isolés : *a*) Sur demande adressée au Président de la Fédération patronée par deux membres fédérés, certifiant que la candidate ou le candidat est bien ancienne ou ancien élève d'une École professionnelle et qu'il jouit de ses droits civils et politiques; *b*) Sur références; *c*) Ne peut être admis au titre de membre isolé tout ancien sociétaire démissionnaire ou radié d'une Association amicale d'anciens élèves.
3° et 4° Inchangés.

Le camarade Blanchard (Limoges) voudrait voir supprimer le mot démissionnaire.

La discussion de l'article 22 est renvoyée à la suite de l'article 21.

L'article 1er est adopté sans modification.
Art. 2. — Aucune modification aux Statuts.
Art. 3. — La Fédération comprend en outre des Sociétés et Groupement désignés à l'article 1er et dont les membres sont les membres actifs :
1° 2° 3° Inchangés.
Art. 4. — 1° Ne peuvent faire partie de la Fédération que les Sociétés et Groupements d'anciennes et d'anciens élèves des écoles laïques.
2° 3° 4 Inchangés.
Art. 5. — La Fédération est administrée par un Conseil composé de Délégués des Sociétés et du Groupement des isolés, à raison de un Délégué et un Délégué suppléant par Société et Groupement.
Art. 6, 7, 8, 9, 10, 11. 12, 13, 14, 15. — Inchangés.
Art. 16. *Ressources*. — Les ressources de la Fédération se composent : 1° du montant des droits d'admission des Sociétés et des membres isolés; 2° des cotisations des Sociétés adhérentes, des membres isolés, des membres bienfaiteurs et des membres honoraires; 3° et 4° inchangés.

Sur l'article 17, le camarade Pétermann trouve que la cotisation de 0 fr. 50 demandée aux isolés est insuffisante.

Le camarade Talobre répond qu'un membre isolé peut déjà faire partie d'une autre Association et pense qu'il ne faudrait pas trop demander à ces camarades. M. Duburcq propose la cotisation de 1 franc qui est adoptée.

Art. 17. — 1°, 2° Inchangés; 3° Le droit d'admission payable à l'entrée dans la Fédération est fixé à 2 francs, par membre isolé. 4° Les membres isolés paient annuellement une cotisation de 1 franc; 5° 6° 7° Inchangés.

Art. 18. — Inchangé.

Art. 19. — Le Congrès... et le développement de l'œuvre. Les Congrès..... 4 ans à Paris. Les Associations et le Groupement des Isolés sont convoqués au Congrès au moins trois mois avant sa tenue. La convocation porte l'ordre du jour des séances et la nature des questions appelées en discussion. (Le reste inchangé).

Art. 20. — Les votes...... Les Sociétés adhérentes et le Groupement des Isolés ont droit à une voix par 50 membres ou fraction supérieure à 25. (Le reste inchangé).

Art. 21. — Inchangé.

Sur l'article 22, le camarade Blanchard demande que l'on insère dans le texte que tout membre isolé adhérent à la Fédération, cesse de faire partie à ce titre de notre Groupement, lorsque la Société des anciens élèves de l'École à laquelle il appartient, donne son adhésion à la Fédération.

Le camarade Blanchetière appuie cette proposition.

Le camarade Caillet, rapporteur, propose une nouvelle rédaction de l'article 22 ainsi conçue :

Art. 22. — Les admissions se font : 1° Inchangé;
2° Pour les membres isolés : a) sur demande adressée au Président de la Fédération patronnée par deux membres fédérés, certifiant que la candidate ou le candidat est bien ancienne ou ancien élève d'une École professionnelle et qu'il jouit de ses droits civils et politiques; b) sur références; c) ne peut être admis au titre de membre isolé, tout ancien sociétaire démissionnaire ou radié d'une Association amicale d'anciens élèves adhérente, ou radié d'une Société non adhérente. La qualité d'isolé cesse lorsque l'Association, à laquelle appartient le membre isolé, adhère à la Fédération.

L'article 22 ainsi modifié, est adopté.

Art. 23. — La démission d'une Société ou d'un membre isolé ne peut être acceptée qu'autant que celle-ci ou celui-ci est à jour de ses versements. — Toute somme versée reste acquise à la Fédération.

Art. 24. — La radiation d'une Société ou d'un membre isolé ne peut être rendue définitive que par une décision du Congrès et pour les cas désignés ci-après : 1° En cas de refus de paiement d'une Société adhérente ou d'un membre isolé et passé le délai d'un an après mise en demeure; 2° Inchangé.

Art. 25, 26, 27, 28. — Inchangés.

Les articles 23 et 24 sont adoptés sans modification.
L'ensemble du projet Lebeau mis aux voix est adopté.

Modifications statutaires.

Le camarade Émile Caillet, rapporteur, prend la parole pour exposer les modifications proposées par la Commission des Statuts.

M. É. Caillet signale d'abord au Congrès les articles des Statuts qui sont modifiés, par suite de l'adoption du projet sur les membres isolés.

La Commission propose la nomination de quatre Vice-Présidents dont deux habitant Paris ou ses environs.

Notre camarade Dubureq pense que deux Vice-Présidents sont suffisants pour le début.

M. Raffin, Président de la Fédération, appuie la proposition de la Commission en exposant que des deux Vice-Présidents actuellement en fonctions, Mlle Ecalard ne peut souvent le remplacer dans les démarches officielles qu'il est souvent obligé de faire au nom de la Fédération et que M. Talobre habite Saint-Étienne. Il serait donc nécessaire d'augmenter le nombre des Vice-Présidents, étant entendu que deux au moins habiteraient Paris ou ses environs.

Le camarade Blanchetière, en dehors des deux Vice-Présidents habitant la région de Paris, propose qu'un des quatre Vice-Présidents habite la ville où se tiendra le prochain Congrès.

Le camarade Richard, se basant sur les séances et les réunions de l'exercice écoulé, demande la nomination de trois Vice-Présidents.

Les camarades Vincent et Wohlfrom appuient cette proposition.

Le camarade Dubureq craint que cette augmentation du nombre des Vice-Présidents donne lieu à des critiques, trop de Délégués ayant ainsi des fonctions dans la Fédération.

La proposition de la Commission des Statuts, mise aux voix et portant à 4 le nombre des Vice-Présidents, est adoptée par 75 voix contre 16.

Le Congrès passe à l'examen de la proposition Goulliot, relative à l'augmentation du nombre des Délégués par Association.

Notre camarade propose deux Délégués titulaires et un Délégué suppléant par Société.

Les camarades Blanchard et Vincent demandent le maintien du *statu quo*, cette augmentation gênerait les Associations de province, dont quelques-unes éprouvent déjà des difficultés à se faire représenter à Paris.

Le camarade Blanchelière craint que l'accroissement du nombre des Délégués constitua un avantage trop marqué pour les associations de Paris.

La proposition Goulhot, mise aux voix, n'est pas adoptée.

Le camarade Wohlfrom, Secrétaire général, donne lecture des procès-verbaux des trois séances de la veille.

Ces procès-verbaux sont adoptés à l'unanimité, et sur la proposition du camarade Talobre, des félicitations sont votées au Secrétaire général.

Notre camarade Wohlfrom remercie l'assemblée et associe à ces félicitations, les camarades Richard et Poblin, Secrétaires, dont les notes prises en séance lui ont permis la rédaction rapide de ces procès-verbaux.

Le Congrès aborde la discussion de la proposition des camarades Goulhot et Lancelin sur les groupes régionaux, ainsi conçue :

Groupes régionaux. — Il pourra être constitué des groupes régionaux qui comprendront, assimilés aux Sociétés ayant leur siège social dans la région, les Sociétaires isolés appartenant à des Sociétés affiliées ou non à la Fédération. Les bureaux des groupes régionaux pourront être formés sans avoir égard aux fonctions préalables de ceux qui les composeront. Ces groupements seront régis par un règlement élaboré par la Fédération.

Le rapporteur, M. Emile Caillet, déclare que la Commission, après examen de cette proposition, la trouve prématurée.

Le camarade Talobre partage cet avis, et dit qu'il faut avant tout étendre notre Fédération et lui donner toute la vitalité nécessaire.

Le camarade Vincent est également de cet avis en pensant que la Commission pourra plus tard reprendre l'examen de ce projet.

M. Vincent signale que dans les fêtes organisées dans différentes régions par les Amicales, celles-ci pourraient inviter les Associations voisines qui établiraient ainsi des liens de camaraderie entre Sociétés adhérentes et non adhérentes.

Le camarade Blanchard trouve un inconvénient dans l'établissement des groupes régionaux, dans le fait qu'ils pourraient créer des difficultés aux Associations, et quelquefois des conflits.

M. Vincent pense que dans l'établissement de ces groupes, on ne leur donnera aucune administration indépendante; il n'y aura ainsi pas lieu à conflit, et c'est dans cet esprit qu'il croit que la question des groupes régionaux pourra plus tard être à nouveau envisagée.

L'ajournement de la proposition est adopté.

Le Président, M. Talobre, donne connaissance de la lettre suivante, de l'Association amicale des anciens élèves de l'École Estienne :

L'Association a l'honneur de présenter au Congrès de 1910, la proposition suivante :

En présence : 1° Des faibles ressources de la Fédération pour organiser annuellement un Congrès.

2° De la difficulté pour certains délégués, d'obtenir annuellement plusieurs jours de congé pour assister au Congrès.

3° De la dépense relativement élevée, par rapport au modeste budget de certaines Associations pour indemniser leurs délégués, nous demandons de faire la modification suivante aux Statuts de la Fédération :

Art. 19. — Les Congrès sont les assemblées générales de la Fédération, etc.

Les Congrès se tiendront *tous les deux ans* dans une ville, siège d'une Association fédérée et tous les *quatre ans* à Paris.

Pour le Conseil d'administration,

H. BLANCHETIÈRE.

Le Président, se conformant aux Statuts, déclare que cette proposition aurait dû parvenir plus tôt au Bureau et demande le renvoi à la Commission des Statuts pour étude.

Le camarade Blanchetière insiste pour l'urgence de la discussion qui est mise aux voix et adoptée par 51 voix contre 32.

M. Blanchetière développe la proposition, en demandant que le Congrès n'ait lieu que tous les deux ans pour diminuer les frais des Associations et pour permettre à la plupart d'entre elles d'y assister. Notre camarade ne voit pas l'utilité d'un Congrès annuel ; le Conseil fédéral pourrait tenir annuellement une assemblée plus importante.

Il insiste sur les frais qu'occasionnera la tenue du Congrès aux Sociétés de province (voyage, hôtels, etc...) et trouve qu'il serait sage de s'en tenir à sa proposition.

M. Letessier (Boulle) n'estime pas logique le contrôle de l'administration fédérale tous les deux ans : il doit être fait annuellement.

Le camarade Vincent dit que pour faire triompher notre Fédération, il faut que le Congrès soit annuel ; on ne fera jamais assez de propagande utile.

Le camarade Martin partage cet avis, en déclarant que plus tard si l'ordre de jour était moins chargé, on pourrait faire le Congrès annuellement ou tous les deux ans, suivant l'importance des questions à traiter.

Le camarade Blanchetière trouve que l'importance des débats ne nécessite pas la tenue d'un Congrès annuel et redoute encore que les Délégués éprouvent des difficultés pour obtenir des congés annuels leur permettant d'assister aux Congrès.

Le camarade Blanchard appuie la tenue d'un Congrès annuel ; c'est une excellente propagande et est très heureux pour sa part d'être venu à Paris connaître de bons camarades des différentes régions du pays.

Le Président, M. Talobre, insiste pour la tenue d'un Congrès annuel. Il croit lui aussi, que c'est un excellent moyen de propagande, et rappelle la fondation de notre Fédération où des échanges répétés de lettres et de correspondances entre les groupes de Paris et de province ne donnaient aucun résultat ; — il a suffi d'une entrevue cordiale des délégués de Saint-Étienne et de Paris, tenue dans la capitale pour jeter définitivement les bases de notre groupement.

C'est pour cette raison que le camarade Talobre invite l'assemblée à maintenir le Congrès tous les ans.

Le camarade Duburcq se rallie aux observations présentées par le camarade Blanchetière et craint les frais qu'aura à supporter l'Association de la ville où se tiendra le Congrès, frais nécessités par la réception des délégués et d'un représentant du Gouvernement.

Notre camarade Talobre ne croit pas l'exagération de ces frais et déclare avec le camarade Wohlfrom que les municipalités se feront toujours un devoir de parer aux frais de réception officielle et qu'il ne restera alors plus que des frais de bureau relativement minimes et insuffisants pour faire rejeter l'idée d'un Congrès annuel.

Le camarade Talobre insiste donc pour la tenue du Congrès tous les ans, et cela dans le plus pur esprit de camaraderie.

Le camarade Richard déclare que les sociétés de Paris, toujours très heureuses de recevoir les délégués de province, se feront encore un plus grand plaisir d'aller serrer la main à leurs camarades de province et qu'ils ne manqueront jamais l'occasion d'affirmer ainsi leur entière solidarité (*Applaudissements*).

Le camarade Petermann (Montbéliard) se rallie aux observations de notre camarade Blanchetière, en demandant le Congrès tous les deux ans.

La clôture de la discussion est prononcée.

On passe au vote :

Pour la tenue du Congrès, tous les ans : 53 voix.

Pour la tenue du Congrès, tous les 2 ans : 30 voix.

Le Congrès aura lieu tous les ans.

Vote des délégués.

TENUE D'UN CONGRÈS ANNUEL	VOIX	TENUE DU CONGRÈS TOUS LES 2 ANS	VOIX
Béziers	1	Boulogne	4
Brest	4	Estienne	3
Boulle	4	Ganneron	1
Charleville	5	Germain-Pilon et Bernard-	
Diderot	14	Palissy	2
Dorian	1	Montbéliard	5
Limoges	7	Reims	7
Roubaix	12	Rennes	5
Saint-Étienne	5	Saumur	3
	53		30
Absent :			
Roanne			

La séance est levée à 9 h. 45.

STATUTS

DE LA

Fédération Nationale des Sociétés d'Anciennes et d'Anciens Elèves des Ecoles Professionnelles et Pratiques de Commerce et d'Industrie.

MODIFIÉS PAR LE CONGRÈS DE 1910

*à la suite de l'adoption du projet
relatif aux membres isolés et du règlement intérieur*

CHAPITRE PREMIER

Composition et But.

ART. 1er. — Il est formé entre les Sociétés désignées ci-après qui adhèrent aux présents Statuts, une Fédération dite : « Fédération Nationale des Sociétés d'Anciennes et d'Anciens Élèves des Écoles professionnelles et pratiques de commerce et d'industrie ».

Peuvent adhérer à la Fédération :

1º Les Sociétés d'anciens élèves des Écoles pratiques de commerce et d'industrie ;

2º Les Sociétés d'anciennes et d'anciens élèves des Écoles professionnelles nationales, départementales ou municipales ;

3º Les Sociétés d'anciennes élèves des Écoles pratiques commerciales, industrielles et ménagères de jeunes filles.

Chaque Société adhérente conserve son entière autonomie.

4º Toute ou tout ancienne ou ancien élève des Écoles précitées, dont les Associations amicales ne sont pas fondées ou dont les Associations n'adhèrent pas à la Fédération. Ces membres adhérents formeront un groupe dit « des Isolés ».

ART. 2. — La Fédération a son siège social à Paris. Elle a pour but :

1º D'établir un centre de relations entre les Sociétés adhérentes et d'utiliser les rapports ainsi établis aussi bien au profit des Sociétés que dans l'intérêt des Sociétaires eux-mêmes;

2° De provoquer par tous les moyens l'initiative individuelle ou collective pour la propagation de l'enseignement technique en France.

Art. 3. — La Fédération comprend, en outre des Sociétés et Groupements désignés à l'article premier et dont les membres sont ses membres actifs :

1° Des membres honoraires;

2° Des membres bienfaiteurs;

3° Des membres d'honneur.

Art. 4. — 1° Ne peuvent faire partie de la Fédération que les Sociétés et Groupements d'anciennes et d'anciens élèves d'écoles laïques.

2° Peut être admise comme membre honoraire, toute personne ayant rendu des services à l'enseignement technique et à la Fédération, ou étant susceptible d'en rendre.

3° Peut être admise comme membre bienfaiteur, toute personne versant la cotisation prévue à l'article 17.

4° Peuvent être nommées membres d'honneur, les personnes éminentes ayant rendu des services à l'enseignement technique.

CHAPITRE II

Administration.

Art. 5. — La Fédération est administrée par un Conseil composé de délégués de Sociétés et du Groupement des isolés, nommés à raison de un délégué et un suppléant par Société et par Groupement.

Art. 6. *Conseil fédéral.* — Le nombre des membres du Conseil fédéral est variable en raison directe de l'accroissement du nombre des Sociétés adhérentes. Nul ne peut être élu membre du Bureau, s'il n'est Français, majeur, et s'il ne jouit de ses droits civils, civiques et politiques.

Art. 7. *Bureau.* — Le Bureau comprend :

    1 Président,

    4 Vice-Présidents,

    1 Secrétaire général,

    4 Secrétaires,

    1 Trésorier,

    1 Trésorier-adjoint.

Toutes ces fonctions sont gratuites.

Art. 8. — Les membres du Conseil fédéral sont mandatés pour trois ans.

Le Président est élu annuellement par le Congrès. Les autres membres du Bureau sont nommés chaque année par le Conseil fédéral. Les membres sortants sont indéfiniment rééligibles.

L'ensemble du Conseil fédéral est renouvelable en trois années, à raison de un tiers par année; les membres sortants sont indéfiniment rééligibles.

Art. 9. *Attributions.* — Le Conseil fédéral est chargé, sous sa responsabilité, d'assurer le bon fonctionnement de la Fédération.

Il a la gestion des fonds et en doit la justification chaque année aux Sociétés adhérentes.

Il ne peut engager que les dépenses prévues par le Congrès et dans les limites fixées par lui.

Il exécute les décisions des Congrès, veille à l'observation des Statuts et se tient en relations constantes avec les Sociétés affiliées.

Il se réunit en Assemblée générale tous les trois mois et son Bureau se réunit au moins une fois par mois. Il est chargé de l'organisation des Congrès.

Les membres du Conseil fédéral absents peuvent voter par correspondance.

Art. 10. *Président.* — Le Président assume la responsabilité de la gestion matérielle et morale de l'exercice.

Il se tient en communication avec les Sociétés fédérées, reçoit et vérifie les différentes notes et mémoires.

Il est le représentant de la Fédération en toutes circonstances, soit auprès des pouvoirs publics, soit auprès des Associations adhérentes

Art. 11. *Vice-Présidents.* — Les Vice-Présidents aident et assistent le Président dans la direction de la Fédération.

Art. 12. *Secrétaire général.* — Le Secrétaire général est chargé de la correspondance; il convoque aux réunions et dresse les procès-verbaux des séances du Conseil fédéral.

Chaque année, il dresse un rapport général des travaux accomplis. Il est secondé par les Secrétaires.

Art. 13. *Trésorier.* — Le Trésorier tient et établit les comptes de la Fédération. Chaque année, il présente au Bureau le projet de budget pour l'année suivante.

Il est responsable de l'avoir de la Fédération et fait approuver ses comptes par le Conseil fédéral.

Il est secondé dans ses fonctions par le Trésorier-Adjoint.

Art. 14. *Archiviste-comptable.* — Un Archiviste-comptable pourra être adjoint au Bureau pour l'exécution matérielle des services. Il est appointé et nommé par le Conseil fédéral qui peut également le révoquer.

Il est chargé de classer et de conserver les documents constituant les archives de la Fédération. Il assure le service de permanence et de renseignements et fait office de comptable sous la direction du Trésorier.

Il est pris de préférence parmi les membres de la Fédération.

Art. 15. — Les fonctions de Vice-Présidents et Secrétaires pourront être remplies par les membres des Associations féminines.

CHAPITRE III

Organisation financière.

Art. 16. *Ressources*. — Les ressources de la Fédération se composent :

1° Du montant des droits d'admission des Sociétés et des membres isolés.

2° Des cotisations des Sociétés adhérentes, des membres isolés, des membres bienfaiteurs et des membres honoraires ;

3° Des subventions ou allocations qui peuvent lui être attribuées par les pouvoirs publics, les corps constitués ou les autres Sociétés ;

4° Des dons et legs faits en sa faveur.

Art. 17. — Le droit d'admission, payable à l'entrée dans la Fédération, est fixé à 20 francs par Société. Pour les Sociétés de formation nouvelle, cette mise d'entrée est inscrite à leur compte jusqu'à libération.

2° La cotisation est proportionnelle au nombre de membres actifs cotisants de chaque Société adhérente, et elle est fixée à 0 fr. 10 pour chacun d'eux.

3° Le droit d'admission, payable à l'entrée dans la Fédération, est fixée à 2 francs par membre isolé.

4° Les membres isolés paient annuellement une cotisation de 1 franc.

5° Les membres honoraires paient annuellement une cotisation minimum de 5 francs.

6° Les membres bienfaiteurs paient une cotisation unique et d'au moins 250 francs.

7° Les membres d'honneur ne paient aucune cotisation.

Art. 18. *Dépenses*. — Les dépenses sont divisées en deux groupes :

1° Les dépenses courantes, frais de gestion, de réunion et de salle, la subvention à l'organe fédéral et les frais du service de placement ;

2° Les dépenses extraordinaires qui devront au préalable être autorisées par la majorité des Sociétés adhérentes.

CHAPITRE IV

Congrès.

Art. 19. — Les Congrès sont des Assemblées générales de la Fédération. Ils ont pour but : la vérification des comptes de gestion, l'établissement du budget fédéral, la nomination du Président de la Fédération, la discussion et l'adoption de mesures propres à assurer le fonctionnement et le développement de l'œuvre.

Les Congrès se tiendront tous les ans dans une ville, siège d'une Association fédérée, et tous les quatre ans à Paris.

Les Associations et le Groupement des isolés sont convoqués au Congrès au moins trois mois avant sa tenue. La convocation porte l'ordre du jour des séances et la nature des questions appelées en discussion.

Le Congrès ratifie les admissions acceptées par le Conseil dans l'exercice écoulé et prononce les radiations et exclusions.

Toute discussion politique et religieuse est interdite dans les Congrès et réunions de la Fédération.

Il désigne la ville, siège du Congrès suivant.

Art. 20. *Votes*. — Les votes se font par appel nominal, sauf l'élection du Président, qui se fait au bulletin secret.

Les Sociétés adhérentes et le Groupement des isolés ont droit à une voix par 50 membres ou fraction supérieure à 25. En cas d'impossibilité d'assister au Congrès, une Société pourra déléguer ses voix à un ou plusieurs représentants d'une autre Association. Chaque délégué ne pourra disposer de plus de 12 voix et ne pourra représenter plus de deux Sociétés.

Art. 21. — Les décisions sont prises à la majorité absolue des suffrages exprimés, sauf pour toute question touchant la constitution de la Fédération, les modifications aux Statuts, la suppression des services établis ou la dissolution; dans ces divers cas, le vote ne sera acquis qu'à la condition de réunir les deux tiers des voix dont dispose la Fédération.

Toutefois, après trois essais infructueux, ces décisions seront prises à la majorité relative, sauf en ce qui concerne la dissolution. Cette dernière ne sera rendue définitive qu'après un nouveau vote fait trois mois après le Congrès et la confirmant.

CHAPITRE V

Admissions. — Démissions. — Radiations.

Art. 22. — Les admissions se font :

1° Pour les Sociétés, sur simple demande adressée par celles-ci au Président, après engagement de se conformer aux Statuts et règlement intérieur.

2° Pour les membres isolés :

a) Sur demande adressée au Président de la Fédération patronnée par deux membres fédérés, certifiant que la candidate ou le candidat est bien ancienne ou ancien élève d'une École professionnelle et qu'il jouit de ses droits civils et politiques.

b) Sur références.

c) Ne peut être admis au titre de membre isolé, tout ancien sociétaire démissionnaire ou radié d'une Association adhérente ou radié d'une Société non adhérente.

La qualité d'isolé cesse lorsque l'Association, à laquelle appartient le membre isolé, adhère à la Fédération.

3° Pour les membres bienfaiteurs et honoraires : sur demande adressée au Président par deux membres de la Fédération. Après examen, le Conseil fédéral prononce l'admission provisoire des postulants. Les admissions figurent au premier Bulletin publié. S'il n'est fait aucune observation, l'admission est confirmée par le plus prochain Congrès.

4° Les membres d'honneur sont désignés par le Congrès.

Art. 23. — Les démissions doivent être adressées au Président, qui en accuse réception au démissionnaire par lettre recommandée.

La démission d'une Société ou d'un membre isolé ne peut être acceptée qu'autant que celle-ci ou celui-ci est à jour de ses versements. Toute somme versée reste acquise à la Fédération.

Art. 24. — La radiation d'une Société ou d'un membre isolé ne peut être rendue définitive que par une décision du Congrès et pour les cas désignés ci-après :

1° En cas de refus de paiement d'une Société adhérente ou d'un membre isolé et passé le délai d'un an après mise en demeure.

2° En cas de manœuvres pouvant nuire à la Fédération.

Les radiations paraissent au Bulletin, mais les motifs ne doivent jamais en être rendus publics; ils seront communiqués aux Comités des Associations fédérées par des circulaires confidentielles.

CHAPITRE VI

Obligations des Sociétés adhérentes.

Art. 25. — Les Sociétés fédérées doivent entretenir entre elles des relations toutes amicales. La solidarité étant leur principe initial, elles se doivent une mutuelle assistance tant matérielle que morale. Tout membre d'une Association fédérée doit être reçu dans les Sociétés correspondantes et y jouir, dans la plus large mesure, des mêmes avantages que leurs propres sociétaires. Toutefois, le sociétaire affilié ne possède pas le droit de vote dans les assemblées de la Société auprès de laquelle il est introduit.

Art. 26. *Bulletin.* — La Fédération publie, au moins une fois par an, un Bulletin qui comporte les comptes rendus du Conseil fédéral et des Congrès, la situation matérielle et morale de la Fédération et les documents qu'elle juge utiles de faire connaître, la situation des Sociétés adhérentes, les listes d'adhésions, etc...

Art. 27. *Groupes régionaux.* — Il pourra être établi, suivant les besoins des Sociétés adhérentes, des groupes régionaux qui feront l'objet d'un règlement spécial adopté par le Congrès.

Art. 28. *Dissolution.* — La dissolution de la Fédération sera décidée par le Congrès, dans les conditions déterminées à l'article 21.

Les fonds disponibles, après la liquidation, seront attribués à une œuvre désignée par le Congrès, ayant pour but le développement de l'enseignement technique.

TEXTE DU RÈGLEMENT INTÉRIEUR

ADOPTÉ PAR LE CONGRÈS DE 1910.

CHAPITRE I

Art. 1er. *Admissions. Sociétés.* — Toute Société désirant faire partie de la Fédération doit adresser au Président de celle-ci une demande écrite signée de sa Présidente ou de son Président. Cette demande est communiquée au Conseil fédéral dans sa plus prochaine réunion; ce dernier, après examen, prononce, s'il y a lieu, l'admission provisoire, cette dernière ne devenant définitive qu'après décision du Congrès (Statuts, art. 19). La Société est alors avisée de la décision du Conseil fédéral et invitée à nommer ses Délégués (Statuts, art. 5). Les Délégués de la nouvelle adhérente siègent valablement à la séance suivant l'admission provisoire.

Art. 2. *Membres honoraires et bienfaiteurs.* — Toute personne désirant faire partie de la Fédération à titre de membre honoraire doit remplir les conditions édictées aux Statuts (art. 4, § 2) et être présentée par deux membres fédérés. L'admission sera prononcée par le Conseil fédéral et soumise à la ratification du plus prochain Congrès. Les membres honoraires et bienfaiteurs doivent se conformer aux Statuts; leurs noms seront communiqués aux Sociétés affiliées. Ils pourront assister aux Congrès et y auront voix consultative.

Art. 3. *Membres d'honneur.* — Les membres d'honneur choisis parmi les personnes désignées à l'art. 4, § 4 des Statuts doivent être proposées au Conseil par au moins deux de ses membres. L'admission sera prononcée par le Conseil, après que le futur membre, ayant été sollicité, aura accepté ce titre. Les membres d'honneur jouissent des mêmes avantages que les membres honoraires.

Art. 4. *Obligations. Devoirs des Sociétés.* — Les Associations fédérées, en outre des obligations et considérations prévues à l'art. 25 des Statuts, devront : 1° Acquitter régulièrement leurs cotisations prévues au présent règlement (art. 16 et 17); 2° Faire part au Conseil fédéral, par l'organe de leurs Délégués, de toutes les communications ou propositions pouvant intéresser la Fédération ; 3° Nommer régulièrement leurs Délégués ou représentants dans les conditions prévues par les Statuts et règlement intérieur.

CHAPITRE II

Administration — Organisation.

Art. 5. *Conseil fédéral.* — Chargé d'administrer la Fédération, le Conseil fédéral est responsable de tous actes pécuniaires ou moraux, faits au nom de la Fédération, et en doit justification au Congrès. Il prépare annuellement le budget fédéral. Le Congrès désignera, par voie de tirage au sort, les tiers sortants aux termes des première, deuxième et troisième années.

Art. 6. — En cas de démission volontaire ou de décès d'un membre du Conseil fédéral, l'Association représentée par ce membre devra pourvoir à son remplacement. Le nouveau Délégué restera en fonctions jusqu'à la fin du mandat de son prédécesseur.

Art. 7. *Bureau.* — Le Conseil Fédéral nomme le Bureau parmi les Délégués titulaires, à la majorité absolue des suffrages exprimés; en cas de ballottage, la majorité relative est permise au 2e tour de scrutin.

Art. 8. *Président.* — Le Président dirige les débats et a voix prépondérante dans les votes au 2e tour de scrutin. Il préside la séance d'ouverture des Congrès et en fait nommer le Bureau. Il peut déléguer ses pouvoirs à un Vice-Président.

Art. 9. *Vice-Présidents.* — En cas de démission, congé ou décès du Président, le Conseil nomme parmi les Vice-Présidents, un Président intérimaire. Ce dernier reste en fonctions jusqu'au plus prochain Congrès.

Art. 10. *Secrétaire général.* — Chargé de l'exécution matérielle des services administratifs de la Fédération, le Secrétaire général en est responsable devant le Conseil. Il est secondé par les Secrétaires et l'Archiviste-comptable. Ses fonctions sont déterminées à l'art. 12 des Statuts. En cas de congé, le Conseil désigne pour le remplacer un des Secrétaires.

Art. 11. *Trésorier.* — En outre des attributions citées à l'art. 13 des Statuts, le Trésorier est chargé du recouvrement des cotisations, dont il donne acquit à l'aide de reçus détachés d'un carnet à souches. Il solde les dépenses courantes après visa du Président. Il fournit à chaque réunion du Conseil la situation financière fédérale et élabore, à la fin de chaque année, le projet de budget pour l'année suivante. Ses pouvoirs peuvent être délégués au Trésorier-adjoint dans les mêmes conditions que pour le Secrétaire général. Il ne peut conserver en caisse une somme supérieure à 500 francs.

Art. 12. *Archiviste-comptable.* — L'Archiviste-comptable dont le rôle est déterminé à l'art. 14 des Statuts, assiste aux réunions du Conseil, mais ne prend pas part aux votes.

Art. 13. *Commission de contrôle.* — Une Commission de contrôle est chargée de vérifier les livres du Trésorier. Elle se compose de trois membres du Conseil fédéral choisis en dehors du Bureau. Elle est nommée chaque année par le Conseil.

CHAPITRE III

Organisation financière.

Art. 14. *Ressources.* — En principe, le droit d'admission fixé à 20 francs, par les Statuts, est payable au moment de l'adhésion. Toutefois, il pourra être soldé dans le délai d'un an à partir du jour de l'admission définitive. Les cotisations des Sociétés seront payables sans frais au siège social et aux échéances déterminées par les groupes, d'accord avec le Conseil fédéral.

Art. 15. — Les droits d'admission et cotisations de toute nature ne feront l'objet que d'un seul compte et formeront le fonds de roulement nécessaire pour assurer le bon fonctionnement des services établis. Les dons ou legs, qui pourraient être alloués à la Fédération, seront versés à un fonds dit fonds de réserve, destiné à couvrir les frais et dépenses extraordinaires ou imprévus.

Art. 16. — Les fonds de la Fédération seront placés, une part en compte-courant disponible et la part restant en titres de rente sur l'Etat ou autres, légalement autorisés. Ces placements seront communiqués aux Associations fédérées.

L'avoir social sera établi chaque année par le Trésorier et publié dans l'organe fédéral.

CHAPITRE IV

Congrès.

Art. 17. — L'organisation du Congrès est confiée à l'Association fédérée de la région où il se tient, d'accord avec le Conseil fédéral.

Ce dernier en fixe l'ordre des travaux.

CHAPITRE V

Art. 18. *Identification.* — L'identité des membres de la Fédération sera justifiée par le reçu de la cotisation versée par chaque membre à sa Société respective.

Art. 19. *Représentation.* — Les Associations provinciales n'ayant pas de Délégués propres à Paris, devront choisir leurs représentants en dehors des Délégués titulaires ou suppléants des autres Associations.

CHAPITRE VI

Démissions — Radiations.

Art. 20. *Membres du Conseil.* — Tout membre du Conseil fédéral voulant démissionner, devra faire parvenir sa démission au Président ou à la Présidente de la Société qu'il représente, en même temps qu'au Président de la Fédération. La Société représentée par le membre précité pourvoiera à son remplacement.

Art. 21. *Sociétés.* — La démission d'une Société n'est définitive qu'après acceptation par le Congrès et si la Société intéressée remplit les conditions prévues à l'art. 23 des Statuts. Les démissions sont communiquées aux groupes fédérés et paraissent dans l'organe fédéral.

Art. 22. *Radiation.* — La radiation d'une Société sera proposée au Congrès par le Conseil fédéral. Une interruption dans le versement des cotisations ne peut être considérée comme motif de radiation si, après enquête, il est prouvé que la Société en cause se trouve dans l'impossibilité matérielle de remplir ses engagements (délais prévus à l'art. 13 du présent règlement). Les sommes versées restent acquises à la Fédération.

Art. 23. *Dissolution.* — Pour être discutée, la dissolution devra être présentée par la majorité des groupements fédérés. La demande de dissolution devra être adressée au Conseil fédéral. Ce dernier l'examinera et la discutera avant de la présenter au Congrès.

CHAPITRE VII

Bulletin — Placement — Groupes régionaux.

Art. 24. — Ces différents services ne pourront être réglementés qu'après la décision du Congrès et suivant les instructions données par lui. Le placement et le Bulletin font l'objet d'études spéciales dans des Commissions différentes. Quant aux groupes régionaux, aucune proposition n'a encore été soumise au Conseil fédéral.

CINQUIÈME SÉANCE

Présidence de M. NICAISE.

Placement. — Délégué chargé de ce service. — Desideratas des délégués. — Démarches à faire auprès des différents ministères et relatives à la situation créée aux anciens élèves à leur sortie de l'Ecole et désirant entrer dans les arsenaux, dans la marine, dans les différentes administrations publiques et dans les compagnies de chemins de fer.

La séance est ouverte à 9 h. 50, sous la présidence de M. Nicaise.

Le camarade Vincent expose que la Commission ne peut encore apporter au Congrès un projet mûri, la question étant très complexe ; il développe en ces termes la pensée de la Commission :

« L'idée dominante est qu'il faut avant tout respecter l'autonomie des Sociétés fédérées. C'est d'ailleurs l'idée qui s'est fait jour au Congrès dernier et qui a été exprimée dans les Statuts mêmes de la Fédération.

« La plupart des Sociétés sœurs possèdent un Office de placement, tant est vrai le principe, la raison d'être de nos Associations amicales : établir entre ses membres des liens d'amitié, leur permettre de s'aider mutuellement, les habituer à la pratique de la solidarité.

« Il arrive même qu'au sein de nos Associations respectives, une offre d'emploi ne puisse recevoir la solution désirable ou qu'une demande ne puisse être satisfaite. Un industriel, un commerçant, peuvent avoir besoin d'un ouvrier, d'un employé, dans des conditions qui ne peuvent être remplies par aucun des membres de la Société à laquelle ils s'adressent, alors que dans la Fédération, il pourrait se trouver un camarade, appartenant à une Société affiliée et donnant les garanties voulues.

« De même n'arrive-t-il pas souvent qu'un de nos Sociétaires ne puisse trouver dans sa région un emploi qui réponde à ses aptitudes, alors qu'il pourrait obtenir la réalisation de ses désirs dans une autre région.

« Les services de placement au sein de nos Associations sont, vous le voyez, un peu voués à l'impuissance, parce que trop locaux.

La Fédération se doit donc de remédier à cet état de choses. Comment ? Nous allons le voir.

« C'est à grands traits que je veux esquisser l'organisation de ce service de placement, laissant les détails purement administratifs à l'initiative des camarades qui seront chargés de ce service.

« Il faudra d'abord que le Bureau fédéral fasse, aussitôt que possible, une enquête par simple circulaire auprès des Sociétés affiliées, pour savoir celles qui possèdent un service de placement et dans quelles conditions il fonctionne.

« Maintenant, quand une Société recevra une offre d'emploi à laquelle elle ne pourra pas répondre, elle devra sans délai en informer la Fédération, qui se chargera d'en instruire les Sociétés sœurs, à moins qu'une demande d'emploi ne soit parvenue préalablement à l'Office fédéral. Il est bien entendu que toutes les demandes et offres seront inscrites et solutionnées dans leur ordre chronologique.

« Mais avec l'outil, il faut l'ouvrier. Il faut là que nous fassions appel au zèle, au dévouement le plus absolu, le plus désintéressé d'un de nos camarades. La Commission, dans ce cas, a pensé que l'un des Secrétaires était tout désigné pour cela.

« Je pense que la question est suffisamment entendue. La solution est simple. Le Bureau réglera les détails d'ordre administratif. Ainsi fonctionnera cet Office fédéral de placement, dont les résultats, j'en réponds, seront heureux et pour nos camarades et pour notre chère Fédération ».

Le camarade Petermann, au nom de l'Association de Montbéliard, demande qu'on aboutisse rapidement, les Associations de province considérant généralement le placement comme la raison d'être du groupement fédéral.

Le camarade Talobre est d'avis de se hâter, mais il ne comprend pas les difficultés de la Commission de placement, ayant eu à s'occuper de cette question au sein de l'Association de Saint-Etienne. En dehors du placement proprement dit, il est d'avis que la Fédération peut tenter des démarches auprès des grandes administrations, notamment les Compagnies de chemins de fer, pour obtenir des avantages pécuniaires en rapport avec la valeur des postulants.

Notre camarade, à Saint-Étienne, a fait des démarches semblables dans l'industrie et dans les compagnies de chemins de fer et a constaté avec regret que les situations offertes ne correspondaient nullement au point vue pécuniaire à ce que les postulants étaient en droit d'en attendre.

Les camarades Blanchetière et Radigue approuvent la proposition Talobre.

Le camarade Mériadec partage l'avis de M. Petermann et signale qu'à Brest, en dehors de l'Arsenal et de la Marine, il y a peu de débouchés pour les anciens élèves des Écoles pratiques; dans les concours notamment, il voudrait que les anciens élèves munis du diplôme de sortie de ces Écoles, aient droit à des points supplémentaires leur facilitant l'accès des Arsenaux et Etablissements de l'Etat. Notre camarade signale qu'une circulaire ministérielle de 1899 permettait aux anciens élèves de l'Ecole pratique d'être admis de droit dans l'arsenal, comme ouvriers; cette circulaire est abrogée; il y a lieu d'en demander le rétablissement.

Notre camarade signale qu'à Brest également, les anciens élèves des Ecoles pratiques étaient autrefois admis à concourir, à 18 ans, à l'Ecole formant les contremaîtres et dessinateurs des arsenaux; ceci n'existe plus aujourd'hui. Il invite donc le Bureau du Conseil fédéral à faire toutes démarches utiles au Ministère de la Marine pour remédier à ces inconvénients.

Le camarade Mériadec insiste enfin sur la nécessité d'admettre dans les comités de patronage des Ecoles professionnelles et pratiques de commerce et d'industrie, des délégués des Associations d'anciens élèves de ces Ecoles, comme cela se fait maintenant à Paris.

M. Mériadec demande que le Bureau fédéral fasse rapidement toutes ces démarches.

Le camarade Girard (Diderot) déclare que la Préfecture de la Seine a déjà consenti des avantages marqués, dans les ateliers municipaux aux anciens élèves des Ecoles professionnelles.

Le camarade Blanchard cite également l'exemple de l'administration des Postes et Télégraphes, qui, tous les ans, fait part à nos Associations des concours institués en vue du recrutement de son personnel technique.

Le camarade Duburcq comprend les difficultés que rencontre le Conseil fédéral dans la question du placement, mais insiste pour qu'on s'occupe activement de cette question.

Le camarade Cottin, de Rennes, partage l'avis de M. Mériadec et signale les améliorations de salaires que l'on pourrait demander dans les ateliers de l'Etat, à Rennes.

Le camarade Talobre donne lecture d'une circulaire de M. Doumergue, ancien ministre du Commerce, préconisant le recrutement dans une large mesure, pour les établissements ressortant de son Ministère, des anciens élèves des Ecoles professionnelles et pratiques de commerce et d'industrie. Notre camarade demande que le Bureau fédéral fasse les démarches nécessaires pour que cette circulaire soit observée.

Le camarade Vincent, partageant l'avis de M. Talobre, insiste pour que ces démarches soient faites, et dit qu'il faut organiser dès maintenant le service de placement.

Le camarade Talobre expose au Congrès le système adopté à l'Association de Saint-Etienne : des fiches sont établies et remplies par tous les sociétaires donnant ainsi tous les renseignements nécessaires, lorsqu'il se produit une demande d'emploi. On évite souvent ainsi d'adresser à un chef d'industrie un postulant non capable de remplir les conditions exigées.

Le camarade Vincent estime que la création de fiches au sein de la Fédération n'est guère pratique, et qu'il faut que, dès maintenant, un des Secrétaires centralise le service du placement, avec deux registres, l'un pour les demandes, l'autre pour les offres d'emplois et réponde rapidement aux communications qui lui seront adressées.

Ce Secrétaire pourrait être aidé dans sa tâche par une Commission spéciale.

Notre camarade Raffin déclare qu'il a toujours pris toutes les dispositions pour convoquer la Commission actuelle de placement, mais que certains de ses membres habitant la province, cette Commission a toujours eu de la peine à fonctionner.

Le camarade Petermann dit qu'il faut aboutir et demande que les membres de la Commission de placement habitent Paris ou ses environs.

Le camarade Vincent déclare qu'il est bien entendu que la Commission qu'il préconise ne serait là que pour trancher certains cas où le Secrétaire serait embarrassé ; elle comprendrait le Président de la Fédération, l'un des Secrétaires du Bureau du Conseil fédéral et 2 membres.

Le camarade Blanchetière demande que pour décharger le Président de la Fédération, ce soit l'un des Vice-Présidents habitant Paris qui soit Président de la Commission.

Le camarade Dubureq demande une organisation rapide du service de placement, provisoire s'il est nécessaire, mais fonctionnant.

M. Panze déclare que cette question est très importante et qu'il importe de trouver de suite un Secrétaire se chargeant de ce service, et qu'en tout cas, cette question doit être à nouveau inscrite à l'ordre du jour du prochain Congrès ainsi que la question des rapports de la Fédération avec les pouvoirs publics.

Le camarade Talobre désire qu'on fasse de suite toutes démarches utiles auprès des pouvoirs publics et qu'on nomme le Secrétaire chargé du service de placement.

Le camarade Blanchetière pense que c'est au Conseil fédéral à faire le nécessaire. M. Mary est de cet avis.

Le camarade Vincent demande la nomination de la Commission de placement pour gagner du temps.

Le camarade Duburc est d'avis de nommer le Secrétaire chargé du service, en fin de séance.

M. Bégaric fait remarquer que ce Secrétaire doit habiter Paris, et qu'il appartient au Conseil fédéral de le désigner (1).

Le Congrès se range à cet avis, et la séance est levée à 10 h. 35.

(1) Le Bureau du Conseil fédéral, dans sa séance du 12 Novembre 1910, a chargé provisoirement le Trésorier-adjoint M. Lambert, 85, avenue d'Ivry, Paris, de la délégation au placement, en attendant le choix de la prochaine assemblée générale.

SIXIÈME SÉANCE

Présidence de M. DUBURCQ.

Bulletin fédéral

La séance est ouverte à 10 h. 10, sous la présidence de M. Duburcq.

Le camarade Talobre expose que la Commission du Bulletin se trouve devant une impossibilité financière pour créer un organe fédéral et invite les Sociétés à faire paraître dans leurs Bulletins respectifs le compte rendu préparé par leurs Délégués, d'après les procès-verbaux des séances fédérales.

Le camarade Nicaise approuve cette manière de voir et déclare que les Sociétés peuvent parfaitement prendre à leur charge cette impression.

Le camarade Blanchetière voudrait une petite publication résumant les travaux du Conseil fédéral.

Le camarade Pauze demande que cette brochure soit payante, étant donné les faibles ressources financières et qu'elle paraisse avant la tenue du Congrès.

Le camarade Nicaise pense que la vente donnera peu de résulats, si l'on y compare la vente du compte rendu du Congrès préparatoire de l'an dernier.

Le camarade Blanchard partage cet avis.

Le camarade Martin, en ce qui concerne l'impression du compte rendu du Congrès actuel, est heureux de déclarer à l'assemblée, qu'il ne peut y avoir de crainte au sujet de son impression, M. le Président du Conseil municipal étant décidé à y participer, même si la Commission municipale n'accordait pas de subvention.

Le camarade Wohlfrom s'en rapporte à la sagesse des Délégués, devant le peu d'élasticité du Budget fédéral; les procès-verbaux des séances du Conseil fédéral sont actuellement adressés aux Délégués et Délégués suppléants des Associations fédérées; notre camarade propose d'envoyer un exemplaire supplémentaire aux Présidents des Sociétés. Il estime que ces procès-verbaux résument amplement les travaux du Conseil fédéral, et qu'il appartient aux Associations d'en donner l'esprit dans leurs organes respectifs, en attendant que le budget fédéral permette de créer un Bulletin, véritable organe de défense et de propagation de l'enseignement professionnel.

Le camarade Mériadec remercie le Secrétaire général de la façon dont les Sociétés de province ont été tenues au courant des travaux du Conseil fédéral par la rédaction des procès-verbaux et pense qu'ainsi que le fait la Ligue de l'Enseignement une feuille résumant les travaux pourrait être imprimée tous les trois mois. Il suffirait d'ajouter aux procès-verbaux les renseignements intéressant les Sociétés, tels qu'offres et demandes d'emplois, avantages accordés aux anciens élèves des Ecoles pratiques.

Le camarade Duburcq pense qu'il suffit de relier les procès-verbaux actuels pour constituer un véritable Bulletin. Le camarade Martin, au nom de Béziers, lit une lettre demandant la publication d'un Bulletin fédéral.

Le Congrès se range à l'avis du camarade Duburcq et vote à l'unanimité sa proposition.

La séance est levée à 10 h. 55.

SEPTIÈME SÉANCE

Présidence de M. PETERMANN.

Mutualité. — Assurance au décès.— Transformation des Amicales en Mutuelles. — Assises du Congrès de 1911.

La séance est ouverte à 11 heures, sous la présidence de M. Petermann.

La parole est à M. Martin, rapporteur de la Commission de la Mutualité.

Mesdemoiselles, Messieurs,

Au cours du Congrès dernier, nous vous présentions un travail d'ensemble indiquant aussi clairement que possible les divers services mutualistes.

Nous vous montrions au moyen d'un tableau synoptique quels étaient suivant les divers taux des cotisations perçues, ceux qui pouvaient être adjoints à l'Amicale.

C'était en quelque sorte la grande idée mutualiste mise à la portée des sociétés et leur permettant de l'appliquer suivant les convenances ou les affinités personnelles de leurs membres.

Aujourd'hui nous voulons envisager comment chacune de nos Associations pourrait introduire dans son sein au moins un service mutualiste.

Votre Commission s'est donc efforcée tout d'abord de mettre en évidence un service d'une organisation simple pouvant être assuré avec une faible cotisation et au besoin établi auxiliairement à l'organisation amicale.

Le service qui lui a paru réunir ces conditions et devoir être indiqué aux associations est l'*Assurance au décès* par la mutualité.

CONSIDÉRATIONS GÉNÉRALES

Le secours aux veuves et orphelins. — Depuis longtemps, d'excellents esprits avaient songé à utiliser l'admirable organisation mutualiste pour créer *l'Assurance au décès par la mutualité elle-même*; les essais tentés n'avaient que médiocrement réussi, car ce n'était pas à proprement parler de l'assurance; nous trouvons, en effet, dans certaines sociétés ayant 40 ou 50 ans d'existence des articles statutaires allouant des secours aux veuves et aux orphelins; il s'agissait là de secours parfois fixes, généralement peu élevés ou d'allocations aléatoires, pouvant être versées aux ayants droit, mais sans garantie aucune et pouvant être supprimées si la situation financière n'en permettait pas le maintien.

C'était un secours, et tous les bons mutualistes voudraient voir disparaître à jamais ce mot de tous nos statuts: la Mutualité ne donne pas de secours en versant des allocations, elle remplit une clause d'un contrat bilatéral; la société a le devoir de remplir ses engagements et le mutualiste atteint par le malheur exerce un droit dont il n'a pas à rougir.

L'Assurance au décès est un service auquel il doit être appliqué une cotisation spéciale et, par son inscription dans les statuts des sociétés, l'idée de secours disparaît entièrement pour faire place à une des plus belles œuvres résolues par la mutualité familiale.

Le chef de famille qui a assuré sa femme et ses enfants contre les risques de maladie n'a pas rempli tout son devoir s'il n'a songé à garantir les siens contre les risques de sa mort prématurée. S'il vient à disparaître, il se produit une crise douloureuse dans laquelle peut sombrer l'avenir de la famille tout entière; si, au contraire, il a été prévoyant, si par une assurance même minime, il laisse quelques ressources aux siens, tout peut être sauvé; car grâce à ces ressources, la veuve peut se ressaisir; elle passe par une période de transition pendant laquelle la famille se réorganise sur d'autres bases.

Certes, la situation est moins brillante, mais la base est d'autant plus solide que la mère a mieux compris son devoir dont l'importance a doublé et dont l'accomplissement lui a été facilité par la prévoyance de celui qu'elle pleure, mais qu'elle s'efforce de remplacer par son travail et son énergie.

L'assurance au décès par la Mutualité. — N'est-ce pas là notre rêve à tous; certes, nous rendons hommage à l'admirable forme de prévoyance créée par nos grandes Compagnies d'assurances: quoi de plus moral et de plus naturel en somme que d'assurer aux siens, après son décès, une réserve suffisante pour les mettre à l'abri du besoin et leur créer une existence moins troublée.

Malheureusement, les classes aisées ont pu, seules jusqu'ici, jouir des avantages que procure ce genre d'assurances: pourquoi l'ouvrier laborieux, l'employé modeste, le petit fonctionnaire, ne profiteraient-ils pas, eux aussi, de cette belle organisation?

Les grandes Compagnies ne recherchent pas les petits contrats, les frais de recouvrement en sont aussi élevés que ceux qui correspondent à des primes importantes; la Mutualité qui a déjà résolu tant de problèmes sociaux, se devait à elle-même d'étudier la question et de la résoudre au mieux des intérêts de ses commettants.

N'a-t-elle pas d'ailleurs en mains tous les éléments d'un succès certain; tout d'abord la loi de 1898 a « autorisé les sociétés de « secours mutuels à contracter au profit de leurs membres partici-

« pants et leurs familles des assurances individuelles ou collec-
« tives en cas de vie et de décès (Art. 1er.) »

Que faut-il en matière d'assurance pour obtenir de bons résultats ; le nombre... nous l'avons ; l'ordre et la méthode... n'est-ce pas
par ces qualités exceptionnelles que notre œuvre est arrivée à la
situation magnifique qu'elle occupe dans le monde entier : les
5 millions de mutualistes que nous sommes, le demi-milliard que
nous possédons, ne sont-ce pas là les meilleurs garants du succès?

La Mutualité peut et doit faire l'assurance : il faut qu'elle demande
à sa clientèle le minimum de sacrifices, qu'elle réduise le plus possible les frais généraux et cela lui est facile, puisque dans les services ordinaires, elle ne procède pas autrement.

Elle n'a pas à son budget les dépenses qui grèvent et surchar-
gent forcément les opérations des grandes Compagnies ; elle n'a
pas de capital à rémunérer, pas de dividendes à distribuer à des
actionnaires, pas de gros traitements aux administrateurs, aux
directeurs, pas de personnel à payer ; le recrutement se faisant
dans les milieux mutualistes ne nécessite, par conséquent, aucune
remise ou commission aux courtiers.

La Mutualité est donc merveilleusement placée pour faire, non
pas concurrence aux grandes Compagnies, mais pour s'occuper de
la clientèle modeste qu'elles ne peuvent toucher, pour laquelle il
est possible d'établir des tarifs moins élevés et plus accessibles à
tous les mutualistes.

Et maintenant, Mesdemoiselles, Messieurs, il ne nous reste plus
qu'à vous engager bien vivement à implanter l'idée mutualiste au
sein de vos sociétés respectives et de consacrer tous vos efforts à
grouper tout au moins les membres qui désireraient s'assurer au
décès.

Le Rapporteur.

Louis MARTIN.

Le camarade Pauze, de Saint-Étienne, rend hommage au travail
de notre camarade Martin, mais aurait personnellement préféré un
exposé pratique, signalant notamment aux associations la façon de
transformer les Amicales en Mutuelles.

Le camarade Nicaise dit que cette transformation ne souffre
aucune difficulté. Diderot a résolu la question et déclare que les
Associations ainsi transformées conservent absolument le caractère
amical de leur fondation.

Les camarades Vincent et Talobre préfèrent pour le moment
conserver à leurs Associations leur caractère purement amical, étant
donné les nombreux groupements mutuels auxquels on peut s'affi-
lier et pensent que les propositions de la Commission ne peuvent
être qu'indicatrices en vue d'une transformation future, lorsque la

question sera plus mûre, et qu'il vaut mieux actuellement réserver l'autonomie des Associations en cette matière.

Le camarade Féburier dit que la Mutualité fait des progrès incessants dans les Amicales, et cite l'exemple de Montbéliard où tous les sociétaires sont maintenant assurés au décès; il engage tous nos groupements à suivre les indications fort utiles de la Commission.

Le camarade Petermann appuie les observations de notre camarade Féburier et déclare que son Association est très satisfaite des renseignements mutualistes communiqués par M. Féburier.

Le camarade Blanchard craint les difficultés administratives que la transformation des Amicales en Mutuelles peuvent créer et dit que, dans un grand nombre de régions, on rencontre des mutuelles.

Le camarade Martin fait remarquer que quelques-unes en sont encore dépourvues et qu'il y a donc lieu de répandre l'esprit mutualiste au sein de nos Associations.

Le camarade Nicaise appuie ces observations et déclare qu'il vaut mieux voir dans nos Amicales s'inculquer l'esprit de mutualité, par les versements actuels donnant droit à des indemnités de maladie, par exemple, pour les sociétés transformées en mutuelles, que de voir des allocations de prêts ressemblant à de véritables aumônes.

Le camarade Talobre demande que la Commission de la Mutualité soit chargée de centraliser tous les renseignements relatifs à cette question et de renseigner les Sociétés pour leur transformation en Mutuelles.

Le camarade Martin dit que la Commission se tient à la disposition des Sociétés et invite les Délégués présents au Congrès à faire une active propagande mutualiste.

TRANSFORMATION DES AMICALES EN MUTUELLES
SERVICES QUI PEUVENT ÊTRE ORGANISÉS
A COTÉ DE L'AMICALE

Gestion . . . . 3 francs par an
Indemnité journalière (de 0 fr. 50) . . . . . . 3 francs —
Services { Médical . . . . } 3 francs —
{ Chirurgical . . . . }
{ Pharmaceutique . . . . }
Mutualité Maternelle . . . . 1 franc —
Indemnité de 1 franc par jour pendant les périodes de 23, 17 et 9 jours (Service militaire) . . 0 fr. 80 —
Retraite sur la vieillesse . . . . *Barêmes spéciaux*
Indemnité au décès . . . . 1 fr. 20 par an

SERVICES QUI PEUVENT ÊTRE CRÉÉS SUIVANT LA COTISATION PERÇUE

6 francs
- Gestion . . . . 3 francs
- Indemnité journalière . . . . 3 francs

ou :
- Gestion . . . . 3 fr. 80
- Mutualité Maternelle . . . . 1 franc
- Assurance Décès . . . . 1 fr. 20

8 fr. 20
- Gestion . . . . 3 francs
- Indemnité journalière . . . . 3 francs
- Mutualité Maternelle . . . . 1 franc
- Indemnité Décès . . . . 1 fr. 20

9 francs
- Gestion . . . . 3 francs
- Indemnité journalière . . . . 3 francs
- Services { Médical / Chirurgical / Pharmaceutique } . . . . 3 francs

12 francs
- Gestion . . . . 3 francs
- Indemnité journalière . . . . 6 francs
- Services { Médical / Chirurgical / Pharmaceutique } . . . . 3 francs

ou :
- Gestion . . . . 3 francs
- Indemnité journalière . . . . 9 francs

15 francs
- Gestion . . . . 3 francs
- Indemnité journalière . . . . 6 fr. 80
- Services { Médical / Chirurgical / Pharmaceutique } . . . . 3 francs
- Mutualité Maternelle . . . . 1 franc
- Indemnité Décès . . . . 1 fr. 20

Gestion			3 francs
Indemnité			9 francs
Services	Médical		3 francs
	Chirurgical		
	Pharmaceutique		
Mutualité Maternelle			1 franc
Service Militaire			0 fr. 80
Indemnité Décès			1 fr. 20

48 francs

Nota. — Tous ces chiffres sont donnés à titre d'indication ; ils peuvent varier suivant les besoins de la société et la région où elle se trouve.

Louis Martin.
Rapporteur de la Commission
de la Mutualité.

ASSISES DU PROCHAIN CONGRÈS

Le camarade Dubureq devant quitter Paris de bonne heure dans la soirée, demande que l'on discute à l'ouverture de la séance de l'après-midi, le lieu où se tiendra le Congrès de 1911.

Le camarade Wohlfrom rappelle que l'on doit discuter l'après-midi la crise de l'apprentissage et qu'il faut réserver à cette grave question tout le temps et l'ampleur désirable et insiste pour que l'on aborde de suite la discussion sur le choix du lieu du prochain Congrès.

Les camarades Vincent, Talobre, Martin et Mériadec se rangent à cet avis ; la discussion immédiate est ordonnée.

Le camarade Petermann cède la présidence au camarade Talobre.

Le camarade Dubureq expose le désir de son Association de voir le Congrès se réunir en 1911 à Roubaix, mais rappelle les objections financières qu'il a faites au sujet de la tenue du Congrès tous les ans, et qu'il voudrait organiser une belle réception pour les Délégués.

Le camarade Richard estime que cette réception doit être relative aux moyens pécuniaires des Associations et que les meilleurs sentiments de camaraderie dont sont animés les Délégués de toutes les Associations fédérées suppléeront toujours aux réceptions officielles.

Le camarade Talobre demande que le Congrès de 1911 ait lieu à Saint-Etienne et ne s'explique pas les frais dont parle constamment le camarade Dubureq et demande à quelles dépenses peut entraîner un Congrès en dehors des frais de bureau et de correspondance.

Le camarade Petermann demande la tenue du Congrès à St-Etienne.

Le camarade Vincent, en ce qui concerne les frais dont parle le camarade Duburcq, dit que ces dépenses se divisent en deux sortes :

1° Les frais de bureau qui doivent être supportés par la Fédération.

2° Les frais de réception qui doivent être supportés par l'Association de la ville où se tient le Congrès qui reçoit les Délégués.

Le camarade Wohlfrom pense que pour les sociétés qui voudront organiser des réceptions officielles, les municipalités seront toujours disposées à les aider surtout lorsqu'il s'agira de recevoir le représentant des pouvoirs publics.

Le principe exposé par le camarade Vincent, mis aux voix, est adopté.

Pour le choix du lieu du Congrès, le camarade Mériad. propose un tirage au sort.

Le camarade Talobre insiste pour que le Congrès ait lieu en 1911 à St-Etienne.

Le camarade Martin l'appuie, au nom de Béziers; M. Pauze, Président et délégué de l'Association de St-Etienne, invite le Congrès à se prononcer pour St-Etienne.

Le camarade Nicaise ne voudrait pas trop grever les Associations des frais de déplacement nécessités par le voyage de St-Etienne et préfèrerait Roubaix.

Les camarades Raffin et Wohlfrom rappellent que le groupement de St-Etienne, par l'organe de son dévoué secrétaire, a été avec le groupement de Paris le fondateur opiniâtre de notre Fédération nationale et qu'il est naturel qu'après Paris où le premier Congrès vient de recevoir la consécration des pouvoirs publics, le second Congrès ait lieu à St-Etienne. Ce sera rendre ainsi hommage à l'activité incessante de l'Association de St-Etienne pour notre Fédération.

Le camarade Duburcq insiste pour Roubaix, en faisant valoir l'exposition qui aura lieu l'année prochaine en cette ville.

Le camarade Blanchard déclare que le tirage au sort n'est pas statutaire.

Il est procédé au vote :

Votants : 83. — Majorité : 42.

Pour St-Etienne : 44 voix.

Pour Roubaix : 22 voix.

Abstentions : 17 voix.

Le Congrès de 1911 aura lieu à St-Etienne.

L'article 17 du règlement intérieur qui avait été réservé est adopté.

La séance est levée à 11 h. 55.

HUITIÈME SÉANCE

La crise de l'apprentissage.

Exposé de la crise. — Rapport de la Commission de l'apprentissage. — Centralisation des documents parus sur la question au sein de la Commission. — Causes et remèdes préconisés. — Formation des apprentis, leur recrutement professionnel. — Livret d'apprentissage. — Loi du 30 mars 1900 sur le travail des apprentis dans l'industrie. — Projet de loi Astier. — Principe de l'obligation. — Taxe d'apprentissage. — Le travail manuel à l'École primaire. — Participation de l'État, des départements, des communes, des Chambres syndicales et des Chambres de Commerce. — Commissions corporatives. — Concours et examens de fin d'apprentissage. — Les Écoles professionnelles. — Représentation des anciennes et anciens élèves des Écoles professionnelles et pratiques de commerce et d'industrie dans les comités de patronage. — Questionnaire du ministère du commerce et de l'industrie aux organisations syndicales.

La séance est ouverte à 2 heures et demie, sous la présidence de M. Vincent, de Charleville. M. Vincent expose que la question de la crise de l'apprentissage est très complexe et que l'on se trouve en présence de l'éternel problème des difficultés de relations du capital et du travail.

M. Vincent rappelle à l'assemblée l'espoir que fondaient, M. le représentant du Ministre du Commerce et M. le Président du Conseil municipal de Paris, lors de la séance inaugurale du Congrès, de voir sortir de nos délibérations un ensemble de vœux permettant aux pouvoirs publics d'y puiser les indications nécessaires pour aider à la solution de ce grave problème de l'apprentissage.

M. Vincent dit que le Congrès saura répondre à la confiance qu'on vient de lui témoigner et prie MM. les Délégués dans la discussion qu'il déclare ouverte, d'être brefs et concis, afin de permettre à tous d'exposer les idées qu'ils préconisent pour la solution de la crise de l'apprentissage.

M. Vincent estime qu'à son avis, une des raisons de cette crise est le mauvais vouloir des ouvriers, d'une part, et des industriels, de l'autre.

« En face du développement incessant du machinisme, le développement intellectuel de l'ouvrier n'a pas suivi la même progression; l'industriel veut une production à outrance et met le manœuvre à la machine. Qu'a-t-on fait en France pour remédier à la solution de la crise, tandis qu'en Allemagne, en Angleterre, en Belgique et en Suisse, on a réalisé les plus grands efforts pratiques par des organisations répondant aux nécessités de l'apprentissage moderne.

« La loi Millerand-Colliard n'a pas été goûtée de la plupart des industriels et ils ont mis l'apprenti à la porte de l'atelier. Il en est résulté une aggravation de la crise de l'apprentissage et depuis, devant le danger croissant, on commence à se ressaisir ; quelques industriels, dans la région des Ardennes, ont construit des locaux spéciaux à l'usage de leurs apprentis, montrant ainsi l'exemple.

« Il faut appuyer toute tentative de réglementation sévère à l'usage de la formation des apprentis et sans recourir aux règlements, parfois draconiens de l'Allemagne, heurtant les habitudes de liberté, on doit envisager avec toute la fermeté nécessaire, les résolutions que le Parlement adoptera pour sauvegarder l'avenir de notre race » (*Vifs applaudissements*).

Le camarade Martin, rapporteur de la Commission de l'apprentissage, développe les conclusions des Commissions :

Mesdames, Mesdemoiselles, Messieurs, lors du Congrès de 1909, les Délégués des Associations avaient émis le vœu :

« Qu'une Commission ayant pour mission de suivre la crise de l'apprentissage soit nommée et que cette question soit de nouveau portée à l'ordre du jour du Congrès de 1910 ».

Chers Délégués, non seulement cette Commission fut nommée, mais elle tint un grand nombre de réunions où furent successivement examinés de nombreux rapports, notices, etc., ayant trait à la question.

Quel fut le programme que les Commissions adoptèrent, étant donné ce vaste problème, que nous serons obligés de maintenir encore à notre ordre du jour?

Ils ordonnèrent ainsi leurs travaux : 1° rechercher toutes les causes de la crise de l'apprentissage; 2° examiner les remèdes préconisés par les diverses organisations syndicales, commerciales et d'enseignement et 3° bien étudier le projet de loi Astier qui, s'il est voté par le Parlement, constituera la Charte de l'Enseignement technique.

Si vous le voulez bien, nous allons vous donner connaissance des principaux remèdes, que votre Commission a reconnus, comme devant contrebalancer l'action néfaste de la crise.

1º Il n'y a plus d'apprentis. Nous vous proposons le vœu suivant :

« Que MM. les Industriels reconnaissent que l'enfant doit être pris vers sa 13ᵉ année, pour en faire un apprenti, le soustrayant ainsi aux influences néfastes qui pourraient l'entraîner à de mauvaises habitudes. »

2º Le contrat d'apprentissage n'existe plus.

Nous sommes absolument du même avis que M. Fontaine, le distingué directeur de l'École Estienne qui écrivait :

« Faire revivre le vieux contrat d'apprenti, c'est vouloir faire remonter un fleuve à sa source ».

Nous vous proposons le vœu suivant :

« Que chaque usine fasse la déclaration de son nombre d'apprentis, indique à quels travaux ils seront affectés. Un livret sera remis à l'apprenti sur lequel seront notés son état-civil, la profession auquel il se destine, les dates de commencement et de fin d'apprentissage.

« L'Industriel devra être tenu de laisser l'enfant faire le travail de la profession choisie et ne pas l'employer comme manœuvre, ni lui faire faire les travaux domestiques.

« Le patron devra envoyer l'enfant au cours de perfectionnement environ 6 heures par semaine, ce temps étant pris entièrement sur celui du travail normal de l'atelier.

« Loi de 1900 sur le travail des apprentis dans l'industrie ».

Nous sommes d'accord avec la Chambre syndicale des mécaniciens, chaudronniers et fondeurs de France pour reconnaître que l'Industrie n'a rien fait pour s'accommoder avec cette loi, affirmant également qu'elle   peut être abrogée et émettons le vœu :

« Qu'elle devienne le régime normal non seulement pour les femmes et les adultes, mais également pour les ouvriers de toutes les Insdustries, laissant aux pouvoirs publics le soin d'accorder un petit nombre de dérogations aux industries dites saisonnières ».

RÉORGANISATION DE L'APPRENTISSAGE PAR LES CHAMBRES SYNDICALES PATRONALES

Cours de perfectionnement.

Nous estimons qu'il y a lieu de poser ainsi le problème.

Une Chambre syndicale ayant X... membres représentant X... ouvriers nécessitant la formation de X... apprentis.

Chaque industriel au prorata de ses ouvriers devra former X..., apprentis; un apprenti coûte pour 3 ans X... francs.

Si un industriel ne peut former des apprentis, il versera à la Chambre syndicale la somme prévue pour sa cote-part qui sera remise à celui de ses collègues qui formera les apprentis à sa place.

Les charges des Chambres syndicales patronales seraient allégées par des subventions accordées par l'État, les départements et les communes.

Il serait utile que les Chambres syndicales patronales créent, comme diverses Puissances l'ont déjà fait, des cours d'adultes et de perfectionnement et s'engagent à y envoyer leurs apprentis.

ECOLES PROFESSIONNELLES

Ne croyez pas, Chers Camarades, que nous ne désirons pas voir augmenter les Ecoles professionnelles, et les Ecoles pratiques de Commerce et d'Industrie; nous souhaitons, au contraire, qu'elles se multiplient, à seule fin d'être suffisamment nombreuses pour pouvoir y envoyer le plus grand nombre de jeunes gens, mais nous savons qu'elles ne peuvent naître qu'après des engagements formels des municipalités qui, malheureusement, ont toujours des budgets obérés.

En dehors des Ecoles nationales professionnelles, des Ecoles municipales professionnelles et des Ecoles pratiques de commerce et d'industrie, l'enseignement technique a passé jusqu'ici au point de vue de son organisation par deux phases successives :

1re Phase : L'action propre de l'initiative privée.

2e Phase, que l'on pourrait appeler la phase de prolifération, exclusive de toute vue, de toute organisation d'ensemble.

Une troisième phase va s'ouvrir, celle de l'organisation ; le moment est venu d'y entrer, les différentes parties du problème de l'Enseignement technique peuvent être envisagées d'ensemble, il est possible de légiférer à ce sujet. C'est l'objet de la loi Astier.

Nous appelons l'attention du Congrès, sur les considérations suivantes de M. Ferdinand Buisson, député la Seine, ancien Directeur de l'Enseignement primaire.

« Considérant qu'il est du devoir d'une démocratie d'assurer à tous les enfants, sans exception, non seulement un minimum d'instruction élémentaire, indispensable aux relations de la vie, mais un minimum d'instruction professionnelle qui permettront de se suffire par un travail régulier comme ouvriers qualifiés au lieu de rester comme manœuvres à la merci des hommes et des choses.

« Il y a donc lieu :

« Que la loi rende obligatoire pour les adolescents employés dans l'Agriculture, l'Industrie et le Commerce la fréquentation, pendant au moins six heures par semaine, des cours complémentaires professionnels destinés à leur faire conserver les connaissances acquises à l'École primaire et à leur faire acquérir celles qui sont le plus nécessaires à l'apprentissage de leurs métiers respectifs ».

Examen de fin d'apprentissage. — Il y a lieu d'émettre un vœu pour qu'un concours annuel soit institué entre les jeunes gens ayant terminé leur apprentissage soit dans les Écoles techniques, soit dans les Établissements dépendant de l'initiative privée.

Voilà chers camarades, les conclusions de la Commission que nous soumettons aujourd'hui à vos délibérations.

Le rapporteur,
Louis MARTIN.

La discussion sur les conclusions de la Commission est ouverte.

Le camarade Chevalier, de Diderot, aurait désiré que le rapport soit imprimé et distribué avant le Congrès.

La situation du budget fédéral n'a pas permis cette impression.

M. Bégarie, délégué de l'Association des anciens Élèves de l'École nationale Livet, de Nantes, prend à son tour la parole sur les conclusions de la Commission.

1° Il n'y a plus d'apprentis.

M. Bégarie trouve la formule ainsi présentée un peu vaste et voudrait qu'on la précise davantage.

M. Vincent fait remarquer qu'on se heurte à l'obligation et qu'il y a lieu d'examiner dans quelle forme elle se manifestera.

M. Nicaise déclare que, s'il y a péril, il faut le conjurer et que si nous souhaitons que les apprentis suivent les cours, nous devons demander qu'une loi leur en impose la fréquentation.

M. Mary voudrait voir le travail manuel plus répandu encore dans les Écoles primaires, afin d'inculquer de bonne heure à l'enfant le goût du travail.

M. Blanchard estime que la loi Millerand-Colliard est une des causes les plus graves de la crise de l'apprentissage, en empêchant les industriels d'employer des apprentis effectuant 10 heures de travail, dans les mêmes locaux que leurs ouvriers effectuant un plus grand nombre d'heures.

Le camarade Vincent dit qu'il faut que des mesures sérieuses soient prises pour remédier à la crise de l'apprentissage et cite plusieurs exemples basés sur le principe de l'obligation, notamment en Silésie, où des exceptions sont ménagées suivant les carrières que les parents veulent faire embrasser à leurs enfants.

Le camarade Talobre s'étend sur la nécessité de l'Enseignement professionnel et divise la question en deux.

1° L'obligation pour les industriels d'envoyer leurs apprentis aux cours de perfectionnement ;

2° La question des indemnités à allouer pour l'organisation de ces cours, par l'État, les départements et les communes.

Le camarade Mériadec dit que l'État patron doit donner l'exemple ; or, depuis quelques années, on a fortement réduit les admissions dans les Écoles préparant aux arsenaux de la marine, de la guerre, aux ponts-et-chaussées, etc..., et estime qu'il y a lieu de faire une démarche en ce sens aux ministères intéressés.

M. Bégarie déclare qu'il suit la crise de l'apprentissage avec beaucoup d'attention et qu'il y a lieu de poser ainsi le problème :

1° Difficulté de recrutement des apprentis ;

2° Apprentissage manuel,

3° Mode d'enseignement technique aux apprentis de l'industrie qui n'ont pu se former dans les Écoles.

En ce qui concerne la fixation à 6 heures par semaine de la durée des cours, M. Bégarie estime qu'il faut un règlement plus élastique, étant donné la variété et les besoins de l'Industrie, car l'obligation des 6 heures peut être suffisante à une industrie et insuffisante à une autre.

Pour le recrutement des apprentis, le camarade Bégarie est d'avis de leur accorder des encouragements pécuniaires, afin d'obliger nombre de parents à donner un apprentissage à leurs enfants.

L'instituteur doit à l'École primaire faire comprendre à l'enfant le beau rôle de l'ouvrier, qu'il n'est pas humiliant de manier un outil ; combien d'élèves sont trop poussés vers les professions libérales pour ne faire plus tard que des déclassés ! Et si l'élève a le goût d'un métier, qu'il progresse, qu'on lui reconnaisse des qualités, qu'on lui ouvre les portes de l'École professionnelle. De même dans l'industrie, un patron qui perfectionne son outillage, doit perfectionner son personnel et former des apprentis.

M. Bégarie conclut en proposant le vœu suivant :

« L'apprentissage est obligatoire pour tous les enfants des deux sexes qui ne fréquentent pas une école primaire supérieure ou un établissement d'enseignement secondaire. Des cours professionnels seront organisés par une loi ou des arrêtés municipaux ».

Le camarade Vincent dit qu'il faut avant tout que l'État veille à l'apprentissage. Le camarade Blanchetière voudrait l'apprentissage obligatoire à la charge de l'État et des industriels ; quant au mode d'application, il appartiendra aux Commissions parlementaires et extra-parlementaires compétentes de réglementer l'apprentissage.

Le camarade Pauze est de l'avis de M. Bégarie, mais demande :

1° Que le travail manuel soit introduit dans tous les établissements d'instruction ; 2° l'obligation pour tous les enfants de suivre les cours d'adultes jusqu'à 16 ou 17 ans et 3° l'obligation pour l'État patron et les pères de famille de donner un métier aux enfants ne se destinant pas aux carrières libérales.

Le camarade Chevallier voudrait voir la discussion actuelle se limiter au principe de l'obligation.

Le camarade Nicaise partage l'avis de M. Bégarie.

Le camarade Talobre pense que tout le monde est d'accord sur la motion de M. Bégarie.

M. Mary est d'avis de voter l'obligation. On procède au vote sur la motion Bégarie, qui est divisée en deux parties :

1° L'apprentissage est obligatoire pour les enfants des deux sexes *(Adopté à l'unanimité)*.

2° Sont considérés comme satisfaisant à cette obligation, les enfants préparés à une carrière libérale, fréquentant une école supérieure ou un établissement d'enseignement secondaire.

Le camarade Talobre trouve la formule profession libérale un peu vague et demande une définition exacte de ces professions; il propose une adjonction au texte de M. Bégarie : « ou ceux ayant suivi les cours des Écoles professionnelles »

Le camarade Bégarie dit qu'il faut toujours établir des textes élastiques afin de laisser tout le développement nécessaire aux organisateurs, mais se rallie volontiers à l'addition proposée par le camarade Talobre.

La motion Bégarie, amendée par celle de M. Talobre, est adoptée à l'unanimité.

M. Bégarie dépose le vœu suivant : « Qu'à l'école primaire, les enfants de 10 à 11 ans ne se destinant pas à une carrière libérale, commencent à être préparés au goût d'un métier manuel. On doit s'efforcer à ne pas encombrer leurs jeunes cerveaux de connaissances tout à fait étrangères à la carrière à laquelle on les destine, mais insister auprès d'eux pour leur bien montrer combien est noble le travail manuel et que manier l'outil n'est pas humiliant ».

Le Président, M. Vincent, qui est membre de l'Enseignement, dit que l'instituteur se préoccupe trop en général de la préparation aux examens et dit que l'année dernière au Congrès de Nancy, de la Ligue de l'Enseignement, il a été proposé l'adaptation des programmes suivant les milieux. Le camarade Blanchard partage cet avis.

Le camarade Duburcq déclare qu'à son avis la pensée du vœu Bégarie est appliquée dans l'enseignement actuel, mais qu'on semble se méprendre sur la portée des enseignements primaire et secondaire. Le camarade Vincent insiste pour que l'on réagisse contre la tendance qu'il a déjà signalée, dans l'enseignement primaire.

Le vœu Bégarie, mis aux voix, est adopté à l'unanimité.

M. Bégarie dépose le vœu suivant :

« Chaque corporation devra assurer la charge de l'apprentissage ; le patron et l'apprenti sont obligatoirement tenus de s'y soumettre. »

Le camarade Martin rappelle le nombre d'heures fixé par le projet de loi Astier pour les cours de perfectionnement.

Le camarade Bégarie dit qu'il faut laisser aux différentes corporations, et surtout à l'initiative privée sous le contrôle de l'Etat, la façon d'organiser ces cours qui varieront à l'infini, bon nombre d'industries étant saisonnières.

En ce qui concerne la taxe d'apprentissage, elle serait relative suivant les milieux. M. Bégarie préférerait voir les Chambres de commerce, en général plus neutres, s'occuper de la question de l'apprentissage et préconise l'institution de Commissions corporatives suivant l'apprentissage.

Le camarade Blanchetière désirerait que les Chambres de commerce s'adjoignent les Chambres syndicales patronales et ouvrières.

Le camarade Bégarie insiste pour qu'en dehors de la taxe d'apprentissage, le patron donne une allocation à ses apprentis, pour compenser, dans la mesure du possible, le bénéfice que veulent retirer certains parents de leurs enfants, en ne leur faisant pas faire d'apprentissage. Les objections de charges de famille tomberont ainsi d'elles-mêmes.

Le camarade Mary, d'accord avec M. Bégarie, voudrait que l'initiative privée supplée l'Etat partout où ce sera possible.

Le Président, M. Vincent, partage l'avis de création de Commissions corporatives comprenant les patrons, les ouvriers et des représentants de l'Etat et des communes.

Le camarade Martin donne connaissance à ce sujet de l'article 57 du projet Astier.

Le camarade Bégarie dit qu'il faut d'abord consulter les milieux intéressés et faire une loi en conséquence avec les dérogations s'adaptant aux nécessités industrielles, commerciales et familiales.

A ce moment le camarade Talobre fait remarquer que les délégués Blanchard et Duburcq sont obligés de repartir et propose une suspension de séance pour nommer le Président de la Fédération. (Voir le compte rendu de cette séance à la suite de celle-ci).

Le camarade Bégarie continuant dit que chaque industriel doit assumer les charges de l'apprentissage ; le patron doit former l'apprenti.

Le camarade Moret signale l'hostilité de certains industriels à l'enseignement professionnel.

Le camarade Mary a remarqué le cas à St-Chamond, mais de même que dans les Ardennes, on se ressaisit et les patrons forment maintenant des apprentis.

Le camarade Chevalier dit que la Chambre syndicale des chaudronniers, mécaniciens et fondeurs de France paraît s'opposer, elle aussi, à l'enseignement professionnel, mais que les Chambres de commerce le secondent.

Le camarade Bégarie dit que les Commissions corporatives pourront arrêter les programmes, suivant les milieux où elles évolueront.

Le camarade Talobre estime que l'Enseignement professionnel doit être donné d'abord à l'Ecole et complété ensuite par le patron.

M. Nicaise, au nom de la Société des anciens élèves de l'Ecole Diderot, demande l'augmentation des Ecoles professionnelles, estimant que là, mieux que partout ailleurs, les principes fondamentaux d'une profession seront enseignés avec le plus d'efficacité.

Notre camarade reconnaît que la situation financière ne permet pas la création d'Ecoles professionnelles sur tout le territoire, mais qu'il faut en créer partout où il sera possible de le faire.

Les camarades Blanchetière et Wohlfrom partagent cette manière de voir.

Le camarade Bégarie dit qu'il faut songer à ceux des apprentis dont les facultés intellectuelles ne permettent pas de suivre les cours en usage dans les Ecoles professionnelles et que là les cours professionnels organisés par l'initiative privée seront absolument nécessaires.

Notre camarade est partisan que l'apprentissage commence à l'atelier et se termine pour les plus méritants à l'Ecole professionnelle, car à l'Ecole, certains élèves ne suivent pas à leur sortie la profession qu'ils ont apprise.

Le camarade Nicaise dit que le déchet existe partout, et d'accord avec les camarades Blanchetière et Talobre, est d'avis de commencer par l'Ecole.

Le camarade Pauze propose d'ajouter à la motion Bégarie sur la formation des apprentis le vœu suivant :

« La Fédération affirmant la nécessité de développer le plus possible les Ecoles professionnelles et pratiques de Commerce et d'Industrie émet le vœu suivant sur la formation des apprentis :

Suit la motion Bégarie.

Le camarade Talobre voudrait plus de précision et insiste sur la création d'Écoles professionnelles et dépose une motion en ce sens.

Le camarade Bégarie présente l'addition suivante à sa motion :

« Tous les élèves suivant les cours des Écoles pratiques de Commerce et d'Industrie et des Écoles professionnelles sont considérés comme donnant satisfaction à l'obligation de l'apprentissage. »

Le camarade Chevallier recommande au Congrès d'envisager dans la rédaction du vœu qui va être voté le point de vue général de l'industrie.

Le camarade Guillaume, de Diderot, déclare que les cours professionnels organisés par l'initiative privée seront des plus utiles et compléteront l'école dans bien des professions, telles que la forge, la plomberie, la couverture, etc.

Le camarade Blanchetière dépose l'ordre du jour suivant :

« La Fédération estime que, pour parvenir au relèvement du niveau professionnel, cet enseignement doit être donné le plus possible dans des Écoles professionnelles, et à défaut dans des cours de perfectionnement obligatoires pour les apprentis. »

Le Président résumant le débat donne lecture de la motion Bégarie, avec l'addition du camarade Poze :

« La Fédération affirmant la nécessité de développer le plus possible les Écoles professionnelles et pratiques de Commerce et d'Industrie, émet le vœu suivant :

« Chaque industrie doit prendre à sa charge la formation des apprentis. Le mode de formation variera selon la nature et les exigences de chaque industrie; il sera établi sous le contrôle de l'État et sur l'avis de Commissions mixtes composées d'éléments patronaux et ouvriers. »

Ce vœu est adopté à l'unanimité moins 4 voix.

Le Président, M. Vincent, demande si les Délégués connaissent des régions où il existe des concours entre les apprentis et développe ceux établis dans les Ardennes.

MM. Cottin, Blanchetière et Nicaise signalent des exemples de ces concours.

Le camarade Martin rappelle les conclusions de la Commission de l'apprentissage, notamment sur le concours de fin d'apprentissage.

Le camarade Nicaise est partisan de ces concours et pense qu'il en découlera une certaine émulation et une démonstration vis-à-vis des pouvoirs publics.

Le camarade Pauze ne préconise pas ces concours; il vaut mieux, dit-il, s'attacher à la valeur de chaque sujet qu'à les classer.

Le Président, M. Vincent, a constaté dans les Ardennes une certaine émulation résultant de ces concours, mais déclare qu'il faut en effet envisager la valeur des individus et borne sa pensée à des concours purement professionnels où une absence de mémoire ne créera pas de victimes.

M. Bégarie examinant la question, voudrait un examen permettant aux plus méritants des apprentis d'entrer dans une École professionnelle ou supérieure aux frais de l'État.

Le camarade Martin, rapporteur de la Commission de l'apprentissage, relit le vœu de la Commission :

« Un concours annuel sera institué entre les jeunes gens ayant terminé leur apprentissage soit dans les Écoles techniques, soit dans les Établissements dépendant de l'initiative privée. »

Le camarade Bégarie maintient l'idée de l'examen qu'il vient de préconiser.

Le camarade Nicaise préfère le concours qui fera établir sans nul doute la supériorité de l'enseignement donné dans les Écoles professionnelles.

Le Président met aux voix la motion Bégarie :

« Il sera établi entre tous les apprentis dans les différentes régions, des examens permettant l'accès des Écoles professionnelles et des Écoles supérieures de l'État, aux plus méritants, assurant ainsi un recrutement d'élite, aidant au maintien de la suprématie et du bon goût de notre industrie nationale. »

La motion Bégarie, mise aux voix, est adoptée à l'unanimité, moins 3 voix.

Le camarade Martin, rapporteur de la Commission de l'apprentissage, relit le vœu relatif à la loi de 1900 sur le travail des femmes et des enfants mineurs dans l'industrie :

« Que cette loi devienne le régime normal non seulement pour les femmes et les adultes, mais également pour les ouvriers de toutes les industries, laissant aux pouvoirs publics le soin d'accorder un petit nombre de dérogations aux industries dites saisonnières. »

Ce vœu est adopté à l'unanimité.

Le Congrès se déclare ensuite favorable au projet de loi Astier et forme le vœu que le Parlement en aborde d'urgence la discussion.

Le camarade Talobre demande que le Congrès émette comme l'an dernier un vœu sur l'admission des anciennes et anciens élèves des Écoles professionnelles et des Écoles pratiques de Commerce et d'Industrie dans les Comités de patronage de ces Écoles.

Notre camarade considère qu'il est du devoir de tout ancien élève d'aider au développement, au perfectionnement de l'enseignement qui l'a formé.

Les camarades Girard et Wohlfrom appuient M. Talobre.

Le camarade Martin appuie également les observations du camarade Talobre et demande qu'on signale les Sociétés n'ayant pas de Délégué.

Le camarade Talobre trouve superflu cette motion et demande qu'on fasse une sérieuse démarche auprès du Ministre du Commerce et de l'Industrie.

Le camarade Martin dit que la Commission de l'apprentissage fera les démarches nécessaires.

Le camarade Wohlfrom, Secrétaire général, déclare qu'il faut laisser au Bureau du Conseil fédéral, toutes les responsabilités et l'exécution des décisions de la Fédération nationale. Devant l'objection de quelques Délégués qui ont fait observer que certaines Commissions n'avaient pas suffisamment mis à jour des projets attendus par la province, il estime qu'au cours de l'année dernière, nous étions en période d'organisation ; il faut maintenant des actes conformes aux décisions du Congrès et donne l'assurance à l'Assemblée que le Bureau fédéral ne faillira pas à sa tâche (*Assentiment*).

Le camarade Martin dit que, dans sa pensée, il voudrait qu'on facilite la tâche du Bureau.

MM. Nicaise et Bégarie appuient la proposition Talobre.

Le camarade Nicaise demande un vote de principe.

La proposition du camarade Talobre, mise aux voix, est adoptée à l'unanimité.

Le camarade Martin donne lecture du questionnaire adressé récemment par le Ministère du Commerce et de l'Industrie aux organisations syndicales.

Le camarade Bégarie déclare que nous pourrions répondre en ce qui nous concerne, en demandant l'avis de chaque groupement.

Cette proposition, mise aux voix, est adoptée.

Le camarade Talobre demande que les réponses soient communiquées aux Associations (*Adopté*).

Le Président, M. Vincent, avant de clore le débat, remercie le camarade Martin de son laborieux travail.

Il remercie les Délégués de la coordination et de l'effort qu'ils viennent de manifester dans leurs travaux et déclare que c'est de bon augure pour l'avenir de notre Fédération nationale.

La discussion et le vote des vœux et motions sur la Crise de l'apprentissage sont déclarés clos.

CRISE DE L'APPRENTISSAGE.

Vœux adoptés.

1° L'apprentissage est obligatoire pour les enfants des deux sexes. Sont considérés comme satisfaisant à cette obligation, les enfants préparés à une carrière libérale fréquentant une Ecole supérieure, un Etablissement d'enseignement secondaire ou les cours d'une Ecole professionnelle.

2° Qu'à l'école primaire, les enfants de 10 à 11 ans ne se destinant pas à une carrière libérale, commencent à être préparés au goût d'un métier manuel. On doit s'efforcer à ne pas encombrer leurs jeunes cerveaux de connaissances tout à fait étrangères à la carrière à laquelle on les destine, mais insister auprès d'eux pour leur bien montrer combien est noble le travail manuel et que manier l'outil n'est pas humiliant.

3° La Fédération affirmant la nécessité de développer le plus possible les Ecoles professionnelles et pratiques de commerce et d'industrie, émet le vœu suivant :

« Chaque industrie doit prendre à sa charge la formation des apprentis. Le mode de formation variera selon la nature et les exigences de chaque industrie ; il sera établi sous le contrôle de l'Etat et sur l'avis de Commissions mixtes composées d'éléments patronaux et ouvriers. »

4° Il sera établi entre tous les apprentis des différentes régions, des examens permettant aux plus méritants, l'accès des Ecoles professionnelles et des Ecoles supérieures de l'Etat, assurant ainsi un recrutement d'élite aidant au maintien de la suprématie et du bon goût de notre industrie nationale.

5° Que la loi du 30 mars 1900 sur le travail des femmes et des enfants mineurs dans l'industrie, devienne le régime normal non seulement pour les femmes et les adultes, mais également pour les ouvriers de toutes les industries, laissant aux pouvoirs publics le soin d'accorder un petit nombre de dérogations aux industries dites saisonnières.

6° La Fédération nationale est en principe favorable au projet de loi Astier et forme le vœu que le Parlement en aborde d'urgence la discussion.

7° La Fédération nationale demande aux pouvoirs publics d'admettre dans les Comités de patronage des Ecoles professionnelles et pratiques de commerce et d'industrie, des Délégués des Associations amicales de ces Ecoles, considérant le devoir des anciens et anciennes élèves des Ecoles professionnelles de seconder les pouvoirs publics dans le perfectionnement de l'enseignement technique, en apportant dans ces Comités les conseils de l'expérience sur l'enseignement qui leur a été donné.

Election du Président de la Fédération.

M. Bégarie, à la demande de plusieurs Délégués, prend place au fauteuil, pour présider les débats relatifs à cette élection.

Le camarade Vincent dit qu'il est d'accord avec les camarades Blanchard et Talobre pour proposer au Congrès la réélection du Président sortant, M. Raffin dont le dévouement et l'activité inlassables à la Fédération nationale, le désigne au choix des Délégués et propose à l'Assemblée d'adresser ses félicitations à notre camarade.

Le Congrès manifeste par ses applaudissements son adhésion à la proposition du camarade Vincent.

Le Président, M. Bégarie, demande s'il y a des candidats à la présidence. Divers Délégués proposent M. Raffin.

Le camarade Raffin déclare que, devant sa constatation du manque d'unanimité à approuver les actes du Bureau fédéral pendant l'exercice 1909-1910; il éprouve quelques scrupules à se représenter.

Le Président, M. Bégarie, déclare que dans une période d'organisation, les impatients doivent se rendre compte de ces difficultés et qu'il faut faire crédit au Bureau du Conseil fédéral, certain que l'année 1910-1911 sera soulignée par de nouveaux progrès.

Les camarades Talobre et Vincent déclarent qu'ils ne pensent pas que le Congrès ne soit pas unanime à rendre hommage à l'activité de son Président et du Bureau entier et que les quelques réflexions échangées dans l'acuité d'un débat ne sont que l'expression de désirs impatients de voir notre Fédération arriver à son apogée.

Le Président déclare le scrutin ouvert pour l'élection du Président.

Suffrages exprimés : 83; majorité absolue : 42.

MM. Raffin, 42; Blanchetière, 30; Nicaise, 6.

M. Raffin est proclamé Président de la Fédération nationale pour l'exercice 1910-1911 (*Applaudissements*).

Le Président de la Fédération remercie ses collègues de la marque de confiance qu'ils viennent de lui témoigner et dit qu'on le trouvera toujours animé des meilleurs sentiments d'impartialité et de dévouement au sein de la Fédération.

Le camarade Blanchetière remercie les collègues qui lui ont manifesté leurs sympathies, dans le vote qui vient d'être émis.

Le camarade Nicaise déclare qu'il n'était pas candidat et remercie les camarades qui lui ont accordé leurs suffrages.

Le Président invite M. Vincent à reprendre la Présidence de la séance pour la discussion sur la crise de l'apprentissage. (*Voir le texte ci-dessus*).

NEUVIÈME SÉANCE

PRÉSIDENCE DE M. FERDINAND RAFFIN.

Clôture du Congrès.

Désignation du 1er tiers renouvelable du Conseil Fédéral. — Remerciements.

Le Président de la Fédération, M. Ferdinand Raffin, prend place au fauteuil.

Le Président rappelle la décision de l'Assemblée de procéder en fin de séance, à la désignation du premier tiers renouvelable du Conseil Fédéral.

Le camarade Richard propose de désigner ce tiers par l'ordre alphabétique des Associations.

Cette proposition est adoptée.

Les Associations de :

Béziers, Boulle, Boulogne-sur-Mer, Brest, Charleville, Diderot, sont invitées à faire connaître le plus tôt possible les noms de leurs Délégués.

Le Secrétaire général, M. Wohlfrom, remercie les Secrétaires Richard et Poblin de leurs laborieux travaux accomplis au cours des séances du Congrès, dans le relevé des notes relatives aux discussions et déclare que le compte rendu des séances sera envoyé à chaque Association. Il remercie également le camarade Lebeau des communications faites à la Presse par l'organe de l'Agence Havas.

Le Président en clôturant le Congrès remercie les Délégués du témoignage de solidarité qu'ils viennent de manifester au cours de ces séances; il espère que les Associations de Rennes et de Nantes qui ont adhéré au Congrès, confirmeront d'ici peu leur adhésion définitive à notre Fédération et invite les Délégués présents à faire sans cesse une active propagande pour l'idée fédérale dans l'intérêt supérieur de l'Enseignement professionnel et de la solidarité mutuelle de nos Amicales.

La séance est levée à 6 heures du soir.

COMPTE RENDU

DES FÊTES DONNÉES A L'OCCASION DU CONGRÈS DE 1910

Réception des congressistes à l'Hôtel de Ville de Paris. — Banquet de cloture du Congrès. — Excursion et déjeuner de Versailles ; Visite du Château et des Trianons.

RÉCEPTION DES CONGRESSISTES A L'HOTEL-DE-VILLE.

Conviés par M. Léopold Bellan, Président du Conseil municipal, les membres du Congrès ont été reçus par la municipalité de Paris dans les Salons de l'Hôtel-de-Ville, le Vendredi 23 septembre à 5 heures.

Dès 4 heures et demie, nombreux sont ceux-ci dans le Salon des Lettres brillamment illuminé. Enfin, à 5 heures précises paraît le cortège officiel précédé des huissiers de l'Hôtel-de-Ville ; M. le Président du Conseil municipal s'avance. Il a à sa droite M. Caillard, président du Congrès et à sa gauche notre ami Ferdinand Raffin, Président de la Fédération. Il est suivi de M. Duvaux, inspecteur administratif et financier des Écoles supérieures et professionnelles, représentant M. le Préfet de la Seine, empêché ; M. Nicolas, secrétaire particulier de M. le Préfet de police, représentant M. le Préfet de police, empêché ; M. Gay, syndic du Conseil ; MM. Chausse, L. Guibert, Levée, conseillers municipaux ; M. Blanchon, conseiller général ; Voilin, député, M. Talobre, Vice-Président de la Fédération, M. Wohlfrom, Secrétaire général, MM. Nicaise et Pauze.

Le cortège auquel se joignent aussitôt les Congressistes se rend par les Salons des Arts et des Sciences au Salon Lobau où un somptueux buffet est dressé.

C'est en cet endroit que les discours sont prononcés.

Notre ami Ferdinand Raffin prend le premier la parole en ces termes :

Monsieur le Président,

Messieurs,

J'ai l'honneur de vous présenter, au nom de notre Fédération nationale, les membres de notre premier Congrès, et je tiens à exprimer hautement notre reconnaissance à la Municipalité parisienne pour la sympathie qu'elle nous témoigne en nous recevant dans ce palais communal dont les portes sont toujours ouvertes aux hommes d'initiative et de progrès.

Ainsi que je me faisais un devoir de le rappeler en vous souhaitant la bienvenue ce matin, Monsieur le Président, le Conseil municipal de Paris a si largement contribué à l'essor de l'enseignement professionnel qu'il est superflu d'appeler sur les écoles qui nous sont chères sa bienveillante sollicitude.

L'enseignement professionnel, qui est l'objet de tant d'attaques excessives et imméritées, est cher aux représentants de la Capitale, et c'est parce que nous, anciens et anciennes élèves des écoles que vous avez si libéralement créées et dotées, nous savons quel intérêt vous portez à ces établissements que nous venons vous dire : grâce à vous, grâce à ceux qui vous ont accompagné ou suivi, l'enseignement professionnel rationnellement organisé et développé continuera de marquer et d'affirmer l'heureuse vitalité de l'industrie française.

Tenez pour certains, Monsieur le Président, que tous les adhérents à notre Fédération, soucieux de témoigner leur affection aux écoles où ils ont passé de si profitables années, se feront un devoir de consacrer tous leurs efforts au progrès raisonné de cet enseignement.

Merci encore, Monsieur le Président, au nom de tous les Délégués qui emporteront de cette visite à l'Hôtel-de-Ville, en même temps que le souvenir de merveilles artistiques, l'impression de cordialité et de solidarité républicaine qui est la règle des élus de Paris (*Applaudissements*).

M. Caillard lui succède et s'exprime ainsi :

Monsieur le Président,

Mesdames,

Messieurs,

Lorsque, ce matin, M. le Président du Conseil municipal m'a invité à prendre part à cette réception, j'ai accepté avec empressement. Il m'était agréable d'avoir une seconde occasion de me rencontrer avec vous, et j'étais heureux de pouvoir entendre de nouveau M. le Président parler de la crise de l'apprentissage avec sa grande compétence d'industriel, pénétré des réformes que réclame, dans l'enseignement, le monde du travail.

Je me suis moi-même attaché à l'étude de ces questions, et, si

Monsieur le Président veut bien m'y autoriser, je lui demanderai la faveur de me rendre compte, par une visite, du fonctionnement de l'institution originale qu'il nous a citée en exemple. Ce sera pour moi un argument de plus pour montrer l'excellence et la variété de l'enseignement technique, pour dire les moyens qui s'offrent aux jeunes générations laborieuses d'améliorer leur situation par l'instruction pratique. C'est vers la science appliquée à l'exercice des métiers qu'il faut tourner nos regards aujourd'hui.

Personne ne niera, en effet, que, parmi le grand nombre de jeunes gens qui poursuivent les études classiques, seule une infime minorité en profite. Que deviennent les autres qui sont obligés de vivre dans la vie réelle avec une instruction et une éducation qui ne les y ont pas préparés ?

C'est à ces derniers que nous voudrions former une âme assez énergique pour qu'ils comprennent la nécessité du travail manuel, l'obligation pour eux de devenir une force productive, le devoir de trouver dans un labeur utile des ressources et l'indépendance.

C'est cette éducation que nous avons cherché à donner aux élèves de nos établissements d'enseignement technique.

Je n'ignore pas les obstacles qui se dressent quelquefois devant nous : l'usine, l'atelier font peur. J'ai eu souvent l'occasion de m'entretenir avec des pères de famille et de leur dire :

« Vous savez que votre fils ne sera un jour ni un grand maître de la pensée, ni un général d'armée, ni un orateur de talent. Vous pensez que le latin ne lui apprendra guère à conduire un chantier, à étudier un projet, à établir un compte courant ; mais, en vertu de la vitesse acquise, vous suivez le mouvement général. La culture pratique de son intelligence et de ses organes lui donnerait l'indépendance. Non, vous en ferez un fonctionnaire. Voilà la faute que vous allez commettre ». Et vous voyez, Messieurs, que je suis d'accord avec vous pour le déplorer.

Mesdames, Messieurs, vous êtes la preuve vivante de ce que peuvent les études directement utilitaires. Vous vous êtes groupés pour une œuvre de solidarité, mais aussi pour la diffusion de l'éducation technique et pratique.

C'est dans cette voie que je vous engage à persévérer en souhaitant à votre Fédération la plus grande prospérité et je serai certainement votre interprète en remerciant de sa réception la Ville de Paris, qui a accompli tant d'efforts pour le développement, sous toutes ses formes, de l'enseignement industriel et commercial (*Applaudissements*).

Enfin, M. le Président du Conseil Municipal répond par le discours suivant :

Mesdames,
Messieurs,

Je suis heureux de vous recevoir à l'Hôtel-de-Ville, au nom du

Conseil municipal, et de vous féliciter du but assigné aux travaux que vous avez inaugurés ce matin à l'amphithéâtre des Arts et Métiers.

Vous abordez un difficile problème : celui de l'apprentissage. Et j'apprécie d'autant plus la noblesse de vos efforts que, en cette matière, vous pensez, non à vous, mais aux autres.

Les écoles professionnelles sont certainement perfectibles. Mais soyez assurés que leur amélioration est notre constant souci. Pour la réaliser, nous nous inspirerons des con   ils si précieux que vous, enfants de ces écoles devenus des hommes d'élite, voudrez bien nous donner.

On a prétendu que les jeunes gens issus des établissements d'enseignement professionnel éprouvent, une fois à l'atelier, quelque difficulté à travailler aussi bien que les ouvriers.

Il en est peut-être ainsi au début; mais, grâce à leur culture générale acquise précisément dans ces établissements, ces jeunes gens se ressaisissent très vite et ne tardent pas à prendre l'avantage.

Nos écoles ont donc une utilité indéniable : à ce titre, elles méritent et elles ont toute notre sollicitude.

C'est l'opinion que j'exposais ce matin à mon cher collègue M. Voilin, que le suffrage universel vient d'envoyer siéger à la Chambre des députés. Puisqu'il se trouve parmi les Congressistes, en qualité de Délégué, qu'il me permette de lui souhaiter la bienvenue dans cet Hôtel-de-Ville où nous avons tous le même absolu respect des opinions honnêtes et sincères.

Vous allez donc, Mesdames et Messieurs, étudier ce si délicat problème de l'apprentissage. Je vous l'ai déjà dit ce matin — et ce n'est pas une banale formule de politesse — je serai heureux de le voir résolu par des hommes et des femmes tels que vous.

Tous les efforts faits dans cet ordre d'idées sont, jusqu'ici, restés vains : je souhaite ardemment que les vôtres soient couronnés de succès.

C'est, qu'en effet, la possibilité de voir les élèves de nos écoles — pour lesquelles nous consentons de si lourds sacrifices — exposés à ne pas rencontrer un atelier qui les accueilît, conduit à se demander si l'argent dépensé ne l'a pas été en pure perte.

Dans de nombreuses industries, les ouvriers ne veulent plus d'apprentis, sous prétexte qu'ils sont déjà trop nombreux et que le chômage est trop fréquent; si le patron prend un apprenti, ou ils négligent de l'instruire, ou ils quittent l'atelier.

D'autre part, certains patrons, pour s'affranchir de la visite des inspecteurs du travail, se séparent de leurs apprentis, estimant que leurs voisins en dresseront suffisamment pour les besoins de l'avenir.

Je me bornerais à ces quelques considérations, ne voulant pas être taxé de pessimisme, et je vous prierai, en terminant, de me communiquer, après la clôture du Congrès, le texte des résolutions adoptées et des discussions auxquelles elles auront donné lieu.

Nous aurons l'occasion, au Conseil, d'en faire bon usage.

En vous souhaitant encore une fois la bienvenue, qu'il me soit permis d'exprimer le regret de voir aujourd'hui l'élément congressiste féminin si faiblement représenté parmi vous.

J'espère que l'an prochain les dames viendront en grand nombre rehausser de leur grâce cette manifestation de solidarité sociale (*Applaudissements*).

M. Duvaux représentant M. le Préfet de la Seine et M. Nicolas représentant M. le Préfet de police associent ensuite M. de Selves et M. Lépine aux paroles de bienvenue prononcées par M. Léopold Bellan et expriment les regrets des deux préfets de n'avoir pu assister à la réception.

Un lunch est alors servi, puis la visite des salons de l'Hôtel-de-Ville commence aussitôt après que M. le Président du Congrès et notre Président ont signé sur le livre d'or le procès-verbal de la réception.

C'est sans réserve que les Congressistes admirent la décoration du palais communal tour à tour somptueuse ou exquise, et sous les flots de lumière qui font scintiller les ors et chatoyer les tons, s'évoque pour eux l'histoire de Paris en même temps que défilent les sites les plus pittoresques de la cité où que les grandioses allégories glorifient les sciences et les arts.

Enfin les yeux pleins des merveilles entrevues et le cœur charmé de la cordialité de nos édiles, ils se séparent se donnant rendez-vous pour le lendemain au Conservatoire des Arts et Métiers.

BANQUET DE CLOTURE DU CONGRÈS

Le samedi 24 septembre 1910, à 8 heures du soir, un banquet réunissait les Congressistes dans les salons Vianey, Place Valhubert.

Cette fête était présidée par M. Caillard, Inspecteur général adjoint de l'Enseignement technique, représentant M. le Ministre du Commerce.

M. Bellan, Président du Conseil municipal de Paris, se rendant à Bruxelles porter l'hommage de la capitale aux laborieux organisateurs de l'Exposition internationale, s'était fait excuser. Aux côtés du représentant du gouvernement, avaient pris place à la table d'honneur M. Ferdinand Raffin, Président de la Fédération et Mme Raffin, M. Talobre, Vice-Président, M. Wohlfrom, Secrétaire général et Mme Wohlfrom, M. Wante, Trésorier, M. Lambert,

Trésorier-adjoint, Mmes Féburier et Mériadec et MM. Lebeau, Martin et Richard, Secrétaires.

Un grand nombre de Délégués avaient répondu à l'appel de notre camarade Martin, organisateur. La plus franche cordialité n'a cessé de régner au cours du banquet. Au Champagne, M. Ferdinand Raffin se lève et porte le toast suivant :

> Mesdames, Messieurs.
>
> Il n'est pas de Congrès qui ne souligne la clôture de ses travaux par un banquet.
>
> Nous n'avons eu garde de faillir à la loi commune, et c'est le verre en main, que je reprends la parole encore une fois.... mais rassurez-vous, c'est la dernière.
>
> Je ne m'attarderai pas en des considérations techniques, en des conclusions fastidieuses; ce n'est ni le lieu, ni le moment, mais j'ai le devoir de remercier M. le Ministre du Commerce d'avoir bien voulu se faire représenter ici ce soir et je veux dire à M. Caillard, le sympathique Inspecteur général adjoint de l'Enseignement technique, combien sa bonne grâce nous a charmés et combien nous sommes heureux de le retrouver au milieu de nous en ces instants moins graves (*Applaudissements*).
>
> J'aurais été heureux également de saluer M. Léopold Bellan et de lui exprimer à nouveau toute notre reconnaissance pour la belle réception dont hier l'édilité parisienne nous a fait l'honneur et dont le souvenir ne nous quittera plus désormais. Mais, à cette heure, avec un grand nombre de ses collègues, il est parti pour la Belgique, où il porte à Bruxelles le salut de Paris.
>
> Je lui adresse donc seulement mes souhaits de bon voyage.
>
> (*Applaudissements*).
>
> Quant à vous, Mesdames et Messieurs les Délégués (permettez-moi de dire mes amis, laissez-moi vous féliciter et me réjouir de la cordialité et de l'esprit de camaraderie dont vous ne vous êtes pas un instant départis au cours de nos dernières assemblées.
>
> Souhaitons que cette bonne entente se fortifie de jour en jour et buvons ensemble à sa durée.
>
> Je lève mon verre à M. le Ministre du Commerce, à la Ville de Paris.
>
> Je bois à la Fédération, aux Associations qui la composent et j'adresse mes hommages bien reconnaissants aux dames qui nous ont accordé ce soir le charme délicieux de leur présence.
>
> (*Applaudissements*).

M. Pauze, Président de l'Association de Saint-Etienne, prend ensuite la parole et remercie le groupe de Paris de l'empressement que les Délégués de province ont rencontré auprès de leurs collègues de la capitale.

Il invite les Congressistes à venir nombreux l'an prochain à Saint-Étienne, certain que le groupement de la Loire saura répondre aux marques d'estime et de sympathie dont il vient d'être le témoin.

M. Caillard, représentant M. le Ministre du Commerce, prend ensuite la parole en ces termes :

Mesdames, Messieurs,

Je vous disais hier, en ouvrant votre Congrès, que j'éprouvais, en me trouvant parmi vous, le plaisir que l'on ressent quand on se reporte dans le milieu où l'on a longtemps vécu, longtemps travaillé, longtemps apporté à des collaborateurs de même pensée sa bonne volonté et sa foi dans l'utilité de l'œuvre commune.

La cordialité de votre banquet, les paroles de bienvenue de votre sympathique Président, ajoutent à ce plaisir et c'est de tout cœur, qu'au nom de M. le Ministre du Commerce et de l'Industrie, je vous adresse mes remerciements.

Vous avez, hier et aujourd'hui, encore étudié les moyens de parer à la pénurie des débutants dans les professions manuelles. Vous en avez relevé les causes qui tiennent à la transformation des conditions de travail et des méthodes de production. Vous vous êtes demandé si les écoles techniques, les cours qu'organisent le gouvernement, les administrations régionales ou locales, les associations, les initiatives particulières ne pouvaient pas, par leur développement et leur généralisation, arriver à fournir au monde du travail les apprentis dont il a besoin.

Vous avez eu raison de vous arrêter à cet aspect de la question. Il y a là des forces déjà créées qui peuvent et qui doivent étendre leurs services et des principes de forces nouvelles qu'il s'agit d'ordonner pour les utiliser (*Applaudissements*).

Vous me permettrez d'ajouter que l'effort à entreprendre doit parallèlement porter sur une modification de l'esprit public en ce qui concerne la défaveur que l'on attache aux carrières libres.

Certes, lorsque les industriels et les commerçants ont acquis la fortune, ils jouissent d'une considération enviable. Je constate simplement un fait sans chercher à savoir si les avantages personnels qu'entraîne leur succès ne sont pas, aux yeux des foules, la cause unique de l'admiration qui leur vient. Les services d'ordre général, rendus par eux à la prospérité économique du pays, sont peut-être un facteur que l'on néglige de compter.

Toujours est-il qu'une situation morale privilégiée leur est faite ; mais ce sont les soldats et les sous-officiers de la grande armée du travail qui ne sont point honorés comme ils le méritent (*Applaudissements*).

Ouvriers, employés, fonctionnaires, commerçants eux-mêmes, ambitionnent pour leurs fils les carrières dites de tout repos et, sauf exception, ne tournent leurs regards vers le commerce ou l'industrie que lorsqu'ils ne « peuvent pas faire mieux ».

Voilà la tendance contre laquelle il faut réagir. Il faut dire, il faut montrer que les carrières de la vie laborieuse offrent aux jeunes gens bien doués des ressources autrement sûres, des satisfactions morales autrement vives que celles que réservent les emplois et les places. Ce sont elles les véritables carrières libérales parce que ce sont elles surtout qui conviennent aux hommes libres, je veux dire à ceux qui ont le désir d'exercer leur activité dans un champ presque sans limite, au lieu de se mouvoir dans un cadre, à ceux qui ont l'ambition légitime de voir le prix de leurs efforts proportionné à leurs efforts mêmes, plutôt que d'escompter comme fin souveraine, la perspective d'une maigre retraite à la suite d'un maigre traitement (*Applaudissements*).

Cela tient à une fausse interprétation du but de la vie, à une fausse conception de ce qui en fait la valeur, au faux mirage des honneurs, à des traditions d'éducation qui procèdent de l'esprit scholastique.

Et le remède où est-il? Je le vois dans une double action : action des pouvoirs publics auprès des instituteurs primaires des villes, à qui il faut dire : Apprenez à vos élèves ce que valent le commerce et l'industrie, poussez dans cette direction, moins décevante que les fonctions, les intelligences d'élite que vous lancez aujourd'hui, en masses compactes, à la conquête des diplômes stériles; action auprès de l'opinion, qu'il faut convaincre par la presse, par des conférences, par l'exposition sous toutes ses formes, de vérité, que la théorie ne conteste jamais, mais qu'une mentalité rebelle ne transporte pas assez dans la réalité des faits.

Vous pouvez beaucoup dans ce sens et les Associations comme la vôtre ont le devoir d'inscrire cette œuvre de propagande à leur programme.

Vous avez, par vos filiales, une puissante influence de rayonnement. Utilisez-là au profit de cette idée.

C'est dans ce sentiment et avec cet espoir que je lève mon verre à la prospérité de la Fédération des sociétés d'anciens élèves des Écoles professionnelles de France (*Vifs applaudissements*).

A l'issue du banquet, quelques camarades ont égayé l'assistance par des récits et de bonnes chansons.

EXCURSION DE VERSAILLES

Le lendemain, Dimanche 24 septembre 1910, une excursion à Versailles et aux Trianons, favorisée par un temps superbe a clôturé ces trois journées de Congrès.

Le Président, notre camarade Raffin, profond admirateur des choses de l'art, s'est fait le cicérone des Congressistes à travers les merveilles du château de Versailles et des Trianons.

Un banquet amical a réuni les délégués à déjeuner, et comme à la réunion de la veille, la plus franche cordialité s'est manifestée. Les Congressistes ont tenu à féliciter le camarade Martin, de l'organisation des fêtes de cette troisième journée.

Dans la soirée, les Délégués de province, après avoir adressé à leurs camarades de Paris et au Bureau du Conseil fédéral, leurs remerciements pour l'accueil qu'ils avaient rencontré auprès d'eux, ont quitté Paris en emportant le meilleur souvenir.

Pour le Bureau du Conseil Fédéral :

Le Président de la Fédération,
FERDINAND RAFFIN
39, rue Sedaine, Paris.

Le Secrétaire-général,
MICHEL WOHLFROM
16, avenue de Choisy, Paris

TABLE DES MATIÈRES

Horaire du Congrès. 4
Représentation des Associations au Congrès. 6
Séance préparatoire 7
Adhésions au Congrès, vérification des pouvoirs 7
Élection du Bureau du Congrès et des Présidents de séances. . . . 8
Compte rendu financier 9
Commission de contrôle 12
Séance inaugurale d'ouverture. 13
Allocution du Président de la Fédération. 13
Rapport général de l'exercice 1909-1910. 14
Discours de M. le Président du Conseil municipal de Paris. 16
Discours de M. le Représentant du Ministre du Commerce et de
    l'Industrie, Président du Congrès 19
3e Séance. — Règlement intérieur, Rapport de M. Émile Caillet . . 22
Compte-rendu de la Commission de contrôle. 25
Projet de M. Lebeau, sur les membres isolés. 29
4e Séance. — Suite de la discussion du projet sur les membres isolés. 31
Modifications statutaires. Augmentation du nombre des vice-prési-
    dents. 31
Proposition de M. A. Goulhot relative à l'augmentation du nombre des
    Délégués. 31
Proposition de MM. Goulhot et Lancelin relative aux groupements
    régionaux 35
Proposition de l'Association amicale et de secours mutuels des anciens
    élèves de l'École Estienne relative à la tenue des Congrès 36
Statuts de la Fédération nationale des Sociétés d'anciennes et d'anciens
    élèves des Écoles professionnelles et pratiques de Commerce et
    d'Industrie. 39
Règlement intérieur. 45
5e Séance. — Placement. — Rapport de M. Vincent 49
Desiderata des Associations 50
Situation des anciens élèves dans les Compagnies de chemins de fer. 50
Arsenaux et Marine de l'État. 51

Administration des postes, télégraphes et téléphones. 51
Délégation au placement. 52
6ᵉ Séance. — Bulletin fédéral 54
7ᵉ Séance. — Mutualité. — Rapport de M. Louis Martin 56
Assurance au décès. 57
Transformation des Amicales en Mutuelles. 59
Assises du prochain Congrès. 61
8ᵉ Séance. — La crise de l'apprentissage. 63
Exposé de la crise. 64
Rapport de M. Louis Martin. 64
Principe de l'obligation. 67
Formation et recrutement des apprentis. 68
Le travail manuel à l'École primaire. 68
Cours professionnels. 69
Taxe d'apprentissage 69
Participation de l'État, des départements, des communes, des Cham-
    bres syndicales et des Chambres de Commerce. 72
Les Écoles professionnelles. 72
Concours et examens de fin d'apprentissage 72
Loi du 30 mars 1900 sur le travail des apprentis dans l'Industrie. . . 73
Projet de loi Astier. 73
Admission des anciennes et anciens élèves des Écoles professionnelles
    et pratiques de Commerce et d'Industrie dans les Comités de patro-
    nage 73
Questionnaire du Ministère du Commerce et de l'Industrie aux orga-
    nisations syndicales 73
Vœux relatifs à la Crise de l'apprentissage. 74
Élection du Président de la Fédération 76
Clôture du Congrès. — Premier tiers renouvelable du Conseil Fédéral. 76
Compte rendu des Fêtes. — Réception à l'Hôtel-de-Ville de Paris. . 78
Banquet de clôture du Congrès 82
Excursion de Versailles. 85

Coulommiers. — Imp. Dessaint et Cⁱᵉ.

www.ingramcontent.com/pod-product-compliance
Lightning Source LLC
LaVergne TN
LVHW052158050726
842523LV00017B/409